Energy Cuisine

Wohlbefinden und Vitalität
mit der Power-Küche des Lanserhofs

Andreas Wieser | Darius Chovghi | Manfred Hormann | Claus Jenewein

Energy Cuisine

Wohlbefinden und Vitalität
mit der Power-Küche des Lanserhofs

LAN
SER
HOF

lœwenzahn

Editorial

Andreas Wieser

Unsere moderne Leistungsgesellschaft fordert Kraft, Vitalität, emotionale Ausgeglichenheit und Fitness ein. Eine gesunde Ernährung erhält dabei einen hohen Stellenwert. Der Lanserhof ist seit über 25 Jahren Pionier und Wegbereiter in der Vermittlung einer vitalen Lebensweise. Zahlreiche Gäste aus nah und fern erhalten hier nützliche Impulse für Bewegung, Stressbewältigung und ein gutes Aussehen. Sie lernen außerdem ein Ernährungskonzept kennen, das das persönliche Wohlbefinden direkt und sofort spürbar beeinflusst, der Stimmung Aufschwung verleiht und dem Körper Kraft gibt.

Die Energy Cuisine, unsere Ernährungsform und -philosophie für optimale Gesundheit, Leistungsfähigkeit und gute Laune, entstand als Teil des LANS Med Concepts (mehr dazu auf Seite 12 dieses Buchs) in jahrelanger Entwicklungsarbeit.
Die energiereiche und leicht verdauliche Küche, die das Lanserhof Küchenteam täglich auf den Tisch zaubert, verbindet Gesundheit mit Genuss. Innovativ und zukunftsorientiert wird sie laufend den gesellschaftlichen und demographischen Veränderungen angepasst, sodass sie für den modernen Menschen leicht und zeitsparend zuzubereiten ist und dabei ein Höchstmaß an Vitalstoffen liefert. Die Energy Cuisine berücksichtigt moderne Erkenntnisse der Ernährungswissenschaft und gleichzeitig wird viel Wert auf regionale, biologische und frische Produkte sowie eine schonende Zubereitung gelegt. Geschickt kombinierte Ingredienzien fördern die Schönheit, indem sie für eine gut durchblutete Haut, glänzende Haare, schöne Nägel, ein festes Bindegewebe und eine reduzierte Faltenbildung sorgen. Wir sollten uns dessen bewusst sein: Alles was täglich gegessen und getrunken wird, hat einen direkten Einfluss auf unser Erscheinungsbild.

Einen besonderen Dank möchte ich an dieser Stelle unserem innovativen Küchen- und Ärzteteam aussprechen, allen voran dem langjährigen Executive Chef Manfred Hormann, Souschef Claus Jenewein und Dr. Darius Chovghi, Arzt für Allgemeinmedizin, LANS Med Arzt und Experte für Ernährung und Bewegung, die mit viel Einsatz und Kreativität für das Gelingen dieses Buches verantwortlich sind.
Wie auch immer Sie sich die Inhalte einverleiben – ob von vorne nach hinten in einem Stück, kapitelweise oder quergelesen – wir hoffen, damit den kleinen Hunger nach korrekter Ernährungsinformation zu stillen.

Ich wünsche allen Gästen und Lesern, dass sie viel Freude beim Kochen und Genießen unserer gesunden und köstlichen Kompositionen haben.

Viel Spaß!
Ihr Andreas Wieser

Entdeckung der Langsamkeit

Es ist heute kein Geheimnis mehr, dass die Ernährung unseren Gesundheitszustand stark beeinflusst. Wenn wir zurückblicken zum reich gedeckten Tisch unserer Großmütter und die nachfolgende Entwicklung betrachten, dann wird erkennbar, dass sich die Vorstellungen von einer „guten" Ernährung stark verändert haben. Damals war das Schnitzel am Sonntag hoch angesehen und die Butter auf dem Brot nicht wegzudenken. Natürlich wurde aufgegessen, was auf den Tisch kam, schließlich sollte ja etwas aus einem werden. Seither hat uns der Weg über viele Ernährungsweisheiten geführt – von Rohkost und Vitaminen über Trennkost, LOGI-Methode und Spurenelemente zum Säure- / Basenhaushalt, der Blutgruppendiät und noch vieles mehr. Es wurden Unmengen an Büchern und Artikel verfasst und die Nahrungsaufnahme wurde zur Philosophie, zur Lebenseinstellung.

Doch die Fülle an Botschaften und Ratgebern hat zu sehr viel Unsicherheit geführt. Was darf ich heute noch ohne Sorge essen? Was braucht mein Körper unbedingt und was darf ich ihm auf keinen Fall zumuten? Diesem Gesundheitsbewusstsein steht die Massenproduktion der Nahrungsmittel gegenüber. Gemüse wird gentechnisch modifiziert, Böden werden überbebaut, Tiere gemästet und gestresst geschlachtet. Unsere feinen Geschmacks- und Geruchssensoren lassen sich heute nur zu leicht durch künstliche Aromen und Geschmacksverstärker täuschen.

Es stellt sich daher die Frage, ob vielleicht früher bei der Großmutter doch nicht alles falsch war. Damals hat man sich noch in Ruhe zu Tisch gesetzt. Eine Suppe als Vorspeise war selbstverständlich und es waren noch echte Köchinnen am Werk, ohne Fertigprodukte und Mikrowelle. Viel Zeit und Hingabe wurde in die Zubereitung frischer Nahrungsmittel investiert.

Wir am Lanserhof möchten uns zurückbesinnen auf diese Werte, vom wöchentlichen Sonntags-Schnitzel einmal abgesehen. Die richtige Auswahl der Zutaten und schonende Zubereitung unserer Gerichte sowie eine respektvolle Esskultur liegen uns ebenso am Herzen wie die Bewertung der Ernährung aus medizinischer Sicht. Denn wie man isst, ist mindestens genauso bedeutsam, wie was man isst. Und letztlich soll vor allem eines nicht verloren gehen: das Essen als etwas Lustvolles und Schönes, das einen besonderen Stellenwert in unserem Tagesablauf einnimmt.

In diesem Sinn wünschen wir Ihnen genussvolle Stunden.
Ihr Lanserhof Ärzte- und Küchenteam

Der Lanserhof

Ein Ort der Sinne, der Ruhe und der Gesundheit auf einem Sonnenplateau inmitten der grandiosen Tiroler Bergwelt – seit über 2 Jahrzehnten steht der Lanserhof nahe Innsbruck für die einmalige Symbiose aus Kontemplation, innerer Reinigung und Gesundung in einem luxuriösen Hotel-Ambiente. Eine Oase der Regeneration und Vitalität, die dazu anregt, aus dem Fluss des Alltags auszusteigen und sich Zeit zur Reflexion auf physischer sowie auf psychischer Ebene zu nehmen.

Angeleitet von einem internationalen Expertenteam lernt der Gast am Lanserhof, sein Gesundheitspotenzial neu einzuschätzen, und erarbeitet seine persönliche Lebens- und Gesundheitsstrategie. Neben Ruhe und Erholung tankt er auch Wissen und Können im Umgang mit sich selbst. Im Zentrum steht die ganzheitliche Erneuerung von Körper, Geist und Seele, die durch die außergewöhnliche Kombination aus traditionellen Heilsystemen, fortschrittlichster Spitzenmedizin, einem ausgeklügelten Bewegungs- und Ernährungskonzept und einem wissenschaftlich fundierten Beauty- und Ästhetikprogramm erreicht wird.

Zusätzlich zur medizinischen Kompetenz tragen die authentische Betreuung durch die Ärzte und Therapeuten, die Schönheit der Umgebung sowie die einladende Atmosphäre des Hauses dazu bei, den Gast frei zu machen für neue Perspektiven.

The future of medicine

LANS Med Concept, die innovative Gesundheitsstrategie des Lanserhofs, setzt als wirkungsvolles Zusammenspiel von Spitzenmedizin, Naturheilkunde, anerkannten Therapieverfahren und dem neuesten wissenschaftlichen Know-how neue Maßstäbe im Bereich der Vitalmedizin. Es untersucht nicht, wie krank ein Mensch ist, sondern wie gesund er sein könnte. Dabei werden neben dem Nerven-, Immun-, Hormon- und Stoffwechselsystem und dem Bewegungsapparat auch emotionale Aspekte und psychosoziale Rahmenbedingungen, das berufliche und private Umfeld sowie gesellschaftliche Strömungen, denen ein Mensch unterworfen ist, bei der Diagnostik und Therapie berücksichtigt.

Von einem reinen F.X.-Mayr-Zentrum entwickelte sich der Lanserhof durch eine Modernisierung der klassischen Mayr-Medizin in eine zukunftsweisende Gesundheitseinrichtung, die die modernsten Entwicklungen in der Gen-Diagnostik, der Energie- und Informationsmedizin sowie der Quantenphysik mit dem Jahrtausende alten Wissen von Heilern, Schamanen und Alternativmedizinern verbindet.

Das LANS Med Concept ist ein System, das sich ganz an den Bedürfnissen des Gastes in seiner jeweiligen Lebenssituation ausrichtet. Nur so kann es aktiv gelebte Individualmedizin garantierten.

ERNÄHRUNGS WISSENSCHAFT

Ernährungsweise

So verschieden wie bekanntlich die Geschmäcker sind, so unterschiedlich sind auch die Ernährungsgewohnheiten. Abweichungen im Lebensstil, genetische Veranlagungen sowie im Laufe des Lebens erworbene Prägungen, spezifische Unverträglichkeiten und zahlreiche Einflussfaktoren, wie der individuelle Tag-Nacht-Rhythmus, die Bewegungs- und Schlafgewohnheiten, das Geschlecht und der Zigaretten- und Alkoholkonsum eines Menschen, führen zu einer absoluten Individualität der Nahrungsbedürfnisse. Auch wenn es viele Ernährungsratschläge gibt, die unumstritten für den Großteil von uns nützlich sind, sollte nicht auf die Allgemeingültigkeit dieser Vorgaben beharrt werden. Die individuelle Ernährungsanalyse am Lanserhof mit einer ausführlichen Diagnostik der verschiedenen Nahrungsmittelunverträglichkeiten bildet die optimale Basis für eine personenbezogene Beratung. Auf diesem Weg erhält jeder Gast seine ganz persönlichen Ernährungsempfehlungen, die ihn zu mehr Vitalität und Gesundheit führen.

Bei den beliebten, wöchentlich stattfindenden Kochworkshops lernen die Gäste des Lanserhofs die Energy Cuisine Basics direkt von den Experten. Mit einfachen Rezepten, die auch zuhause leicht nachgekocht werden können, wird der richtige Einsatz wertvoller Lebensmittel demonstriert. Kleine Tipps und Tricks erleichtern die Zubereitung der kreativen Gerichte.

Die Teilnehmer erleben und erlernen die Lanserhof-Kochphilosophie, ihre Einfachheit und Raffinesse. Kochtechnische Hemmschwellen werden überwunden und einem Selbstversuch steht nichts mehr im Weg. Dieses Konzept erleichtert den Gästen die Ernährungsumstellung im Alltag und den Einstieg in ihr gesundes kulinarisches Leben nach dem Aufenthalt am Lanserhof.

Energy Cuisine
Concept

Ein Ernährungskonzept mit Langzeiterfolg für den modernen, gesundheitsbewussten Menschen, das vital und schlank macht, das Wohlbefinden verbessert und trotzdem kulinarischen Genuss bietet und den Spaß am Kochen und Essen fördert? Energy Cuisine, die Power-Küche des Lanserhofs, beweist, dass Gesundheit und Gaumenfreuden sich nicht gegenseitig ausschließen müssen.

Eine Ernährung mit Nahrungsmitteln höchster Qualität, optimaler Bekömmlichkeit und maximalem Geschmack ist die einfachste und schönste Art, Energie aufzunehmen. Energy Cuisine beinhaltet alle Erkenntnisse der modernen Nahrungsmittelforschung, sämtliche Erfahrungen der globalen Ernährungsphilosophie sind bei ihrer Entwicklung am Lanserhof eingeflossen. Sie führt dem Körper Antioxidantien, Vitamine und Spurenelemente in großer Vielfalt sowie eine Menge an Mineralien zu und sorgt so für die Gesunderhaltung des Verdauungssystems. Die Zubereitung der einzelnen Gerichte erfolgt durch modernste Gartechniken. Oberstes Prinzip ist, den höchstmöglichen Vitalstoffgehalt der Lebensmittel zu erhalten.

Auf den nächsten Seiten finden Sie 10 gute Gründe, warum Sie noch heute damit beginnen sollten, Ihre Ernährung langfristig anhand der Prinzipien der Energy Cuisine zu gestalten. Weiters werden die wichtigsten Elemente dieser gesundheitsfördernden Ernährungsphilosophie kurz erklärt. 10 kleine Helfer, die Ihnen die Zubereitung der Gerichte erleichtern und Sie dabei unterstützen, die Energy Cuisine Basics in Ihren Kochalltag einzubauen, bereiten Sie anschließend auf die Umsetzung zuhause vor. Und dann können Sie selbst loslegen – für Freude in der Küche und Vitalität im Leben!

Energy Cuisine
10 gute Gründe

1. Ein starkes Immunsystem

Energy Cuisine führt dem Körper eine Menge an Vitaminen und Mineralstoffen, natürliche Antioxidantien gegen freie Radikale, zu und aktiviert die körpereigenen Selbstheilungskräfte. So gestärkt kann das Immunsystem Infektionen besser abwehren. Wir fühlen uns rundum fit und gesund.

2. Mehr Energie

Wie der Name bereits verrät, setzt Energy Cuisine auf hochwertige Energielieferanten. Keine schwer verdauliche Kost, durch die wir träge werden, sondern leichte, bekömmliche Nahrungsmittel stehen auf dem Speiseplan. Sie machen uns leistungsfähig, ohne uns zu beschweren.

3. Ein schnellerer Stoffwechsel

Eine optimale Nährstoffversorgung des Körpers zum richtigen Zeitpunkt unterstützt die natürlichen Stoffwechselphasen und beschleunigt den Metabolismus. Die Folgen: eine bessere Verdauungsleistung und ein höherer Energieverbrauch, was wiederum die Fettverbrennung ankurbelt. Außerdem sorgt Energy Cuisine für eine ideale Balance im Säure-Basen-Haushalt.

4. Guter Schlaf

Bei einer Ernährung nach den Prinzipien der Energy Cuisine wird darauf geachtet, die Essenszeiten und Nahrungsinhaltsstoffe richtig über den Tag zu verteilen. Eine abendliche Belastung des Stoffwechsels wird vermieden. Wir schlafen tief und ruhig und können den nächsten Tag gut erholt beginnen.

5. Stressabbau

Durch ihre wertvollen Nährstoffe und die schonende Zubereitung erhöhen die Gerichte in diesem Buch die Ausschüttung der körpereigenen Glückshormone. Energy Cuisine macht uns optimistisch und gelassen und wappnet uns für die Anforderungen des Alltags.

6. Ein reduziertes Körpergewicht

Die ausgewogene Nährstoffbalance der Energy Cuisine, kombiniert mit dem Verzicht auf schwere Abendgerichte, gibt Übergewicht keine Chance. Im Zusammenspiel mit maßvoller Bewegung wird Körperfett gegen Muskelmasse ausgetauscht – leichte Ernährung für ein leichteres Leben.

7. Weniger Allergien

Allergien entstehen heute häufig durch Nahrungszusätze und Konservierungsmittel, die Lebensmitteln beigesetzt werden, um ihre Haltbarkeit zu verlängern und den Geschmack zu intensivieren. Energy Cuisine verzichtet darauf. Sie steht für eine frische Zubereitung und den Einsatz von köstlichen Kräutern und Gewürzen als Geschmacksverstärker.

8. Ein gesünderer Blutdruck

Energy Cuisine kann zur Senkung von Bluthochdruck, einem signifikanten Risikofaktor bei der Entstehung von Herz- und Gefäßkrankheiten, beitragen. Die hier vorgestellten Gerichte beeinflussen durch ihren ausgewogenen Nährstoff- und Salzgehalt den Blutdruck auf eine positive Art und Weise.

9. Genuss ohne Reue

Die kreativen Rezepte der Energy Cuisine beweisen, dass ein Mehr an Genuss nicht automatische auch ein Plus an Zucker und Fett bedeuten muss. Ausgewählte, hochwertige und frische Zutaten, vielfältige Zubereitungsweisen sowie der eine oder andere Geheimtipp garantieren eine Fülle an Geschmack und ein besonderes kulinarisches Erlebnis ohne schlechtes Gewissen.

10. Ein besseres Gedächtnis

Energy Cuisine ist wie Treibstoff für die Nerven. Die in den Gerichten enthaltenen essentiellen Fettsäuren und Spurenelemente wirken sich positiv auf das Lernen und das Gedächtnis aus, indem sie unseren Denkzellen zu mehr Leistung verhelfen. Wir können uns besser konzentrieren und merken uns vieles leichter.

Der richtige Zeitpunkt

Der menschliche Körper lebt in allen seinen Facetten stets in einem bestimmten Rhythmus. Die Wach- und Schlafphasen, die Zellteilung, die weibliche Menstruation oder der Hormonkreislauf – sie alle sind zyklischen Schwankungen unterworfen. Auch die optimale Ernährung und Verdauung richtet sich nach festgelegten zeitlichen Gesetzen. Deshalb kommt in der Energy Cuisine der Einteilung der Nahrungsaufnahme nach Tageszeiten eine wichtige Rolle zu. Zur richtigen Zeit das Richtige zu essen ist unabdingbar, um dauerhaft gesund und schlank zu werden bzw. zu bleiben. Sie werden sich vielleicht bereits gefragt haben, warum dieses Buch nach Tageszeiten unterteilt ist. Hier wird diese Frage beantwortet.

Um zu bestimmen, wann der Körper am besten für die Nahrungsaufnahme vorbereitet ist, sollte sein Stoffwechsel näher betrachtet werden. Da sich der Mensch physisch seit der Steinzeit nicht wirklich weiterentwickelt hat, ist auch sein Metabolismus noch auf „steinzeitliche Bedürfnisse" zugeschnitten. Das heißt konkret, dass wir morgens für Leistung bereit sein müssen. Unsere Vorfahren schwärmten zu dieser Tageszeit aus, um zu jagen und Nahrung zu sammeln. Damals wie heute arbeitet der Stoffwechsel am Morgen auf Hochtouren, aktivierende Hormone werden ausgeschüttet, die Muskulatur ist gut durchblutet, die Körpertemperatur beginnt zu steigen, der Körper benötigt Energie. Jede Form von Nahrung wird besser aufgenommen und verwertet als später am Tag. Die Morgenstunden sind aus diesem Grund der optimale Zeitpunkt, um energiespendende Kohlenhydrate zu sich zu nehmen. Wer allerdings auf das Frühstück verzichtet, bremst die Stoffwechselaktivierung ein und das kann langfristig sogar zu einer Gewichtszunahme führen.

Im Laufe des Tages wird der Stoffwechsel dann langsamer, bis er am Abend sein Minimum erreicht. Im Körper soll zu dieser Zeit Ruhe einkehren und keine unnötige Energie verbraucht werden. Schließlich, um den Bogen wieder zu unseren steinzeitlichen Vorfahren zurückzuspannen, ist nicht absehbar, wann die nächste Hungerperiode kommt. Um uns über karge Zeiten zu retten, bemüht sich unser Körper, stets ausreichend Energie zu speichern. Dabei gibt es zwei verschiedene Arten von Speichern: die Kohlenhydratspeicher in der Muskulatur, der Leber und dem Blut, die Kohlenhydrate in Form von

Zucker speichern, und den Fettspeicher. Während sich erstere bei intensiver Belastung schnell leeren, ist der Fettspeicher ein ideales Energiedepot und nahezu unbegrenzt erweiterbar – wie wir oftmals selbst schmerzlich feststellen müssen. Ein Zuviel an Energie, das dem Körper abends angeboten wird, landet demnach meist im Fettgewebe, also an Hüften, Schenkeln, Bauch usw.

Durch den verlangsamten Energiestoffwechsel in den Abendstunden wird außerdem die Verdauungsleistung deutlich verringert. Große und schwere Mahlzeiten können vom Körper nicht optimal aufgenommen werden und viele der zugeführten, eigentlich wertvollen Nährstoffe können ihre volle Wirkung nicht entfalten. Wie man sieht, steht ein üppiges Abendessen einem gesunden Essverhalten im Weg, obwohl es in unserem gewohnten Tagesablauf häufig üblich ist. Der optimale Tagesablauf im Sinn der Energy Cuisine bietet ein energie- und kohlenhydratreiches, großes Frühstück, ein ausgewogenes Mittagessen und ein kleines, eiweißlastiges Abendessen, das ab und zu auch ganz fehlen darf. Mehr dazu finden Sie in den einzelnen Kapiteln „Morgen", „Mittag" und „Abend".

Ernährungsdreieck

© Dr. Darius Chovghi

Energie aus Licht

In der gängigen Ernährungslehre wird der Begriff „Energie" immer noch auf Kalorien reduziert, also auf die energiereichen Substrate in Kohlenhydraten, Fetten und Eiweiß, anhand derer sich der Energiestoffwechsel rein mathematisch scheinbar einwandfrei bestimmen lässt. Der Kaloriengehalt verschiedener Nahrungsmittel wird gemessen, der Kalorienverbrauch des Körpers bestimmt und, genauso einfach wie einseitig, die Energiebilanz berechnet. Nicht so in der Energy Cuisine.

Haben Sie schon einmal den Unterschied erlebt, der sich zwischen frischen, sonnengereiften Tomaten und denen aus der Dose auftut? Wissen Sie, wie Salat schmeckt, der im satten Sonnenlicht herangezogen wurde? Eine Bewertung der Nahrung einzig und alleine anhand der Anzahl der Kalorien kann die großen Unterschiede zwischen den Produkten nicht erklären. Tatsächlich enthalten unsere Lebensmittel auch noch eine andere Form von Energie – die Biophotonen, ein wichtiger Begriff in der Energy Cuisine. Sie sind die gespeicherte Sonnenenergie, die in jedem Lebewesen, in jeder Zelle messbar ist. Anders ausgedrückt: Unsere Nahrungsmittel werden durch viel Licht und Sonne aktiviert und ihre gesundheitsfördernde Wirkung wird gesteigert.

Im Bereich der Pflanzenkunde ist es eine der grundlegendsten Erkenntnisse, dass Wachstum nur mit Sonnenenergie möglich ist. Durch sie entstehen aus energiearmen energiereiche Verbindungen – ein Prozess, den Sie sicher unter dem Begriff Photosynthese kennen. Es ist daher nur natürlich, anzunehmen, dass auch der menschliche Organismus von Lebensmitteln profitiert, die viel Sonnenlicht, also Leben im wahrsten Sinne der Wortes, enthalten. Forscher gehen mittlerweile sogar so weit, zu überprüfen, inwieweit die Biophotonen in den Zellen für Regulations- und Kommunikationsvorgänge verantwortlich sind.

Aufbauend auf die Wissenschaft der Biophotonik legt die Energy Cuisine sehr großen Wert auf die richtige Auswahl der Lebensmittel. Sonnengereifte Produkte, die zum richtigen Zeitpunkt geerntet, kurz und richtig gelagert sowie schonend und möglichst naturbelassen zubereitet werden, sind ein wichtiges Element einer gesunden, energiereichen Ernährung.

Die glykämische Last

Vor einigen Jahrzehnten, als die Disziplin der Ernährungswissenschaften noch jung war und erste Ratschläge zur richtigen Nahrungsaufnahme entwickelt wurden, maß man Kohlenhydratquellen wie Brot, Getreide, Nudeln oder Reis, also schnellen Energiespendern, einen hohen Stellenwert zu. Alle Formen von Fett wurden jedoch als ungesund dargestellt, weil diverse Studien einen eindeutigen Zusammenhang zwischen Cholesterin, Triglyzerid (ein weiteres Blutfett) und Gefäßverkalkung oder Herzinfarkt nahelegten. Aus diesen Erkenntnissen entstand die klassische Ernährungspyramide mit der Empfehlung, reichlich von den vermeintlich gesunden Kohlenhydraten zu essen.

Was damals nicht beachtet wurde ist, dass der körperliche Bedarf an einer solchen energiereichen Kost im Abnehmen begriffen ist. Die Zeiten schwerer körperlicher Arbeit sind für die meisten von uns vorbei, wodurch der tägliche Kalorienverbrauch gefallen ist. Basiert die Ernährung aber trotzdem großteils auf Sacchariden, hat das weitreichende Folgen. Es ist bereits seit einiger Zeit zu beobachten, dass Übergewicht und Diabetes, auch bei Kindern, enorm zunehmen. Somit ist es notwenig geworden, die Kohlenhydrate neu zu bewerten.

Als erster Schritt wurde der glykämische Index entwickelt, der die Blutzuckersteigerung durch die in einem bestimmten Nahrungsmittel enthaltenen Kohlenhydrate angibt. Diese Einteilung der Nahrungsmittel löste zu Beginn große Verwirrung aus, weil manche Lebensmittel, die bis dahin als sehr gesund eingestuft wurden, plötzlich Blutzuckerspitzen von ungeahnten Höhen auslösten. Der Fehler dieser Bewertungsmethode lag darin, dass nur die Wirkung der Kohlenhydrate bestimmt wurde, ohne auf die tatsächlich in den Produkten enthaltene Menge zu achten. Folgendes Beispiel illustriert diesen Denkfehler:

Der glykämische Index von gekochten Karotten liegt bei dem von Weißbrot. Sie scheinen demnach genauso ungünstig zu sein wie das Brot, da sie den Blutzuckerspiegel ebenso weit in die Höhe treiben. Berücksichtigt man allerdings die Menge an Kohlenhydraten, die beide Lebensmittel enthalten, zeigt sich, dass man für den Blutzuckereffekt von 100 g Weißbrot fast 700 g Karotten essen müsste. Sie können demnach bedenkenlos genossen werden, wogegen Weißbrot nur in kleinen Mengen unbedenklich ist.

Die Energy Cuisine ist stark auf diesem Prinzip, das nicht den glykämischen Index, sondern die tatsächliche glykämische Last berücksichtigt, aufgebaut. Viele der gerne verwendeten und gesunden Gemüsesorten, wie die erwähnten Karotten, Kartoffeln oder Rote Rüben, erscheinen auf den ersten Blick wie wahre Kalorienbomben. Tatsächlich sind sie aber sehr wichtig für eine Ernährung im Sinn der Energy Cuisine und passen auch gut in eine veränderte Ernährungspyramide, die eine kohlenhydratreiche Ernährung nicht mehr als das Maß aller Dinge ansieht und sich davon wegentwickelt.

Energieräuber

Bei einer energie- und nährstoffreichen Ernährungsweise mit Hilfe der Energy Cuisine wird der Körper optimal versorgt und grundsätzlich nur minimal belastet. Es kommt aber trotzdem vor, dass individuelle Störfaktoren uns Energie rauben, aus der Balance bringen und unser Immunsystem auf die Probe stellen. Alkohol, Zigaretten, Konservierungsmittel, Medikamente, Nahrungsmittelzusätze, Elektrosmog, Handy- und W-LAN-Strahlung, Autoabgase, Schwermetalle sowie Funkwellen – diese negativen äußeren Einflüsse gilt es so gut wie möglich zu vermeiden. Auch überdurchschnittliche psychische Belastungen und negativer Stress, ausgelöst durch Schlafmangel, Leistungsdruck, Partnerschaftskonflikte, Mobbingsituationen, eine unausgeglichene Work-Life-Balance oder ähnliches, können das sensible Gleichgewicht des Organismus stören und uns anfällig für Krankheiten machen. Der Körper ist in der Lage, solche Negativbelastungen zu kompensieren, wenn er ausreichend mit Vitaminen, Mineralien und anderen Aktivstoffen versorgt wird. Ab einem bestimmten Belastungsgrad stößt er allerdings an seine Grenzen – Leistungsverlust, vorzeitiges Altern und ein erhöhtes Risiko für das Entstehen von Herz-Kreislauf-Erkrankungen und Krebs sind die Folge.

Auch Nahrungsmittelunverträglichkeiten gehören zu den Energieräubern und sollten deshalb näher betrachtet werden. Ein nicht unbedeutender Prozentsatz der Bevölkerung im deutschsprachigen Raum leidet zum Beispiel unter Laktoseintoleranz. Diesen Personen fehlt Laktase, ein Enzym das beim gesunden Menschen den Milchzucker in seine Bestandteile Glukose und Galaktose spaltet, welche dann vom Dünndarm aufgenommen werden können. Fehlt das Enzym, bleibt der Milchzucker im Darm und beginnt dort zu gären. Toxische Gase entstehen, die Blähungen hervorrufen und die Darmschleimhaut langfristig schädigen können. Laktose kommt zwar in allen Milchprodukten vor, ihr Gehalt ist allerdings nicht immer gleich groß. Viele Betroffene produzieren zumindest eine kleine Menge Laktase und vertragen in der Regel laktosearme Milchprodukte wie Hartkäse, Butter und fast alle Weichkäsesorten gut.

Eine weitere Gruppe von Menschen ist nicht in der Lage, Fructose (Zucker aus Früchten) im Darm aufzunehmen. Sie leidet an Fructoseintoleranz, die sich durch Aufstoßen, Durchfall, Blähungen, Bauchschmerzen und andere Symptome wie Stimmungsschwankungen, Antriebslosigkeit oder Schlafstörungen bemerkbar macht. Fructose kommt in fast allen Obstsorten vor, Ausnahmen bilden lediglich Bananen, Mandarinen, Zitronen, Honig- und Zuckermelonen. Nicht zu vergessen ist, dass Fruchtzucker auch in allen Fruchtsäften, Marmeladen, süßen Dessertweinen sowie in Zwiebeln, Knoblauch und anderen Lauchgewächsen enthalten ist.

Nicht selten bestehen auch Unverträglichkeiten gegen andere Nahrungsmittel, zum Beispiel Ei, Hefe oder Gluten. Sie lassen sich durch einen spezifischen Bluttest bestimmen, der bei unklaren Symptomen wie Blähungen, Durchfall, Aufstoßen, Sodbrennen, Müdigkeit, Antriebslosigkeit, häufigen Infekten, Hautausschlägen, unreiner Haut oder Haarwuchsstörungen durchgeführt werden sollte.

Auch ein unausgeglichener Säure-Basen-Haushalt raubt dem Körper Energie und wirkt sich ungünstig auf den Organismus aus. Eigentlich verfügen wir über ein ausgeklügeltes System, das die Säure-Basen-Balance stets konstant halten sollte. Da die Ernährung heutzutage aber sehr säurelastig ist, ist dieses natürliche System häufig überfordert. Die Säurebelastung im Gewebe steigt, es wird dadurch geschwächt und unter Umständen entwickeln sich Gelenksentzündungen. Auch die meisten Organfunktionen werden durch einen zu hohen Säuregehalt im Körper beeinträchtigt. Weil Säuren nicht nur über die Nahrung zugeführt werden, sondern auch bei diversen Stoffwechselprozessen, Stress und starker körperlicher Belastung entstehen, ist es doppelt sinnvoll, auf eine ausreichende Zufuhr an basischen Nahrungsmitteln zu achten. Die Energy Cuisine beachtet das sehr gründlich.

Generell ist es bei einer Ernährung, die den Prinzipien der Energy Cuisine gerecht werden soll, wichtig, die individuellen Energieräuber zu identifizieren und zu versuchen, ihnen entweder entgegenzusteuern oder, im Fall von Unverträglichkeiten, die Nahrungsaufnahme auf sie abzustimmen.

Energy Cuisine
10 kleine Helfer

1.

Setzen Sie, um Fett zu sparen, mit Teflon, Titan oder Porzellan beschichtete Pfannen ein und verwenden Sie warmgepresste Öle zum Erhitzen. Kaltgepresste Öle eignen sich für Marinaden und andere Anwendungen in der kalten Küche.

2.

Eine Getreidemühle gehört in jeden Haushalt, in dem nach der Energy Cuisine gekocht wird. Mahlen Sie Vollwertgetreide vor der Zubereitung der Speisen immer frisch, sonst gehen wertvolle ätherische Öle verloren.

5.

Planen Sie Ihre Ernährung wochenweise. Das erleichtert es Ihnen, Abwechslung in Ihren Kochalltag zu bringen und hilft außerdem beim Einkauf. Nicht zuletzt können Sie durch einen Wochenplan Zeit sparen, indem die tägliche Überlegung „Was koche ich heute?" und der spontane Gang zum Supermarkt wegfallen.

4.

Verwenden Sie so gut es geht biologische Nahrungsmittel. Sonnengereiftes Obst und Gemüse enthält einen hohen Anteil an Biophotonen, die ein wesentliches Element der Energy Cuisine sind. Mehr zum Thema Einkauf und Lebensmittel erfahren Sie auf den folgenden Seiten.

3.

Verfeinern Sie Ihre Saucen und Suppen nicht immer mit Sahne, sondern verwenden Sie so oft als möglich wertvolle Öle. Sie sind eine hervorragende und vorallem gesunde Alternative, um Speisen zu veredeln und sämiger zu machen.

6.

Dampfgarer oder Dünstsiebe sind unentbehrliche Hilfsmittel beim Kochen nach den Prinzipien der Energy Cuisine. Dampfgegartes Gemüse behält seine Farbe, seinen vollen Geschmack und einen Großteil der wertvollen Vitalstoffe. Verwenden Sie den Dämpfer auch zum schonenden Aufwärmen von Speisen und verzichten Sie so oft wie möglich auf den Mikrowellenherd.

7.

Zum Binden der Gerichte werden in der Energy Cuisine anstatt herkömmlicher Mehlschwitzen und anderer Bindemittel Kartoffeln verwendet. Probieren Sie es aus, Sie werden den Unterschied schmecken.

8.

In der Energy Cuisine werden zum Süßen von Desserts und Süßspeisen Honig, Ahornsirup oder Agavendicksaft bevorzugt. Letztere sind in vielen gut sortierten Supermärkten oder in Bioläden und Reformhäusern erhältlich.

9.

Zum Zerkleinern von Kräutern eignen sich Porzellanmesser besonders gut, da sie sehr sauber schneiden. Verwenden Sie viele frische Kräuter zum Würzen. Sie unterstützen den Geschmack der Gerichte und sparen Salz.

10.

Verwenden Sie zum Pürieren ein Mixglas anstatt eines Mixstabs. Es lassen sich so bessere Ergebnisse erzielen, die pürierten Lebensmittel werden cremiger und feiner.

Frische, saisonale und regionale Produkte, artgerechte Tierhaltung, biologische, natürliche und vollwertige Nahrungsmittel – Energy Cuisine beginnt bei einem gut überlegten Einkauf.

Biologisch. Natürlich. Gesund.

Nahrungsmittel aus biologischem Anbau enthalten mehr bioaktive Stoffe, Lichtenergie, Vitamine, Minerale und Spurenelemente als herkömmlich angebaute und wirken in erhöhtem Maß gesundheitsfördernd. Sie wachsen langsamer, bestehen aus weniger Wasser und können so mehr Vitalstoffe bilden. Das sieht und schmeckt man: Gemüse, zum Beispiel, verliert beim Kochen nicht so viel Flüssigkeit und behält seinen vollen Geschmack. Bio-Obst, -Gemüse und -Getreide weisen eine hohe Konzentration an Antioxidantien auf – Inhaltsstoffe, die unsere Körperzellen vor schädlichen Einflüssen schützen und das Immunsystem unterstützen. Das Plus an ungesättigten Fettsäuren in biologischen Produkten trägt ebenfalls positiv zur Gesundheit bei und verringert unter anderem das Risiko, an Krebs oder Arteriosklerose zu erkranken. Die ökologische Landwirtschaft verzichtet auf Pestizide, synthetische Düngemittel und Lebensmittelbestrahlung. Außerdem wird bei der Weiterverarbeitung biologisch angebauter Nahrungsmittel darauf geachtet, keine Geschmacksverstärker einzusetzen. Alles schmeckt so, wie es soll – voll, ursprünglich und unverwechselbar.

Regional. Saisonal. Frisch.

Die Energy Cuisine verwendet, soweit möglich, regionale und saisonale Produkte. Der Einkauf beim benachbarten Bauern, beim lokalen Metzger oder auf dem Markt hat eine positive Auswirkung auf die regionale Wirtschaftskraft und erhält die bäuerliche Kulturlandschaft. Er bedeutet kurze Transportwege, weniger Verpackungsmüll und eine aktive Entlastung der Umwelt. Regional heißt auch saisonal: Es werden nur Produkte der jeweiligen Jahreszeit angeboten und verarbeitet, frische Ware ist so garantiert. Die Nähe zum Erzeuger erlaubt, Produktionsmethoden zu hinterfragen und die Qualität direkt zu beurteilen. Und verstärkt es nicht auch den kulinarischen Genuss, genau zu wissen, woher das Essen auf dem Teller kommt? Die Rezepte in diesem Buch sind weitgehend auf die Verwendung regionaler Lebensmittel aufgebaut, punktuell werden jedoch auch nicht heimische Produkte verwendet. Sie sorgen für Abwechslung auf dem Teller und gewährleisten eine ausgewogene Versorgung mit allen essenziellen Vitaminen, Mineralien und anderen wichtigen Nahrungsbestandteilen.

Die Kennzeichnung von Bio-Produkten. Seit Jänner 2009 müssen Bio-Produkte in Österreich nicht mehr mit dem Hinweis „aus biologischem Anbau" gekennzeichnet sein, es genügt der einfache Zusatz „Bio", z.B.: Bio-Karotten. Wie auch in Deutschland und der Schweiz sind die Produkte mit einer eigenen Kontrollnummer und länderspezifischen Gütesiegeln versehen. International wird für biologische Lebensmittel die englische Bezeichnung „organic" verwendet.

Wasser
Leben

Wie die Erde besteht der menschliche Körper zu 70% aus Wasser. Das heißt, die Masse eines 70 kg schweren Menschen enthält beachtliche 50 Liter Wasser. Der Körper braucht es, um über den Blutweg und durch das Zwischengewebe Stoffe wie Zucker, Sauerstoff, Vitamine oder Hormone zu transportieren – alle Stoffwechselvorgänge spielen sich im flüssigen Milieu ab. Wasser ist also Lösungs- und Transportmittel für alle Substanzen, dient zur Aufrechterhaltung des Metabolismus, reguliert die Körperwärme, unterstützt die Verdauung und die Herz-Kreislauf-Funktionen und sorgt für den Abtransport der Gift- und Schadstoffe aus den Zellen.

Täglich geht jedoch viel Wasser aus unserem Körper verloren, weil die Stoffwechselprodukte und Nahrungsreste, die der Organismus nicht benötigt oder nicht verwerten kann, über die Niere, den Darm, die Haut und die Atmung entsorgt werden. Die Haut benötigt täglich Wasser, um über den Schweiß die Temperatur zu kontrollieren, und die Lunge befeuchtet die Atemluft zur besseren Aufnahme von Sauerstoff.

Bedenkt man nun, dass sich alle diese Vorgänge ständig in unserem Körper abspielen, wird einem erst bewusst, dass eine ausreichende Flüssigkeitszufuhr lebensnotwendig ist. Je nach Körpervolumen empfiehlt es sich, etwa zwei Liter pro Tag zu trinken. Trinkt man zu wenig, kommt es zu einer Konzentration von teils giftigen Substanzen in den Körperflüssigkeiten und damit im gesamten Körper. Problematisch ist nur, dass unser Durstsensor nicht sehr gut funktioniert. Sind wir durstig, heißt das, es ist bereits ein Flüssigkeitsmangel entstanden. Achten Sie deshalb darauf, über den Tag verteilt regelmäßig zu trinken – nicht nur dann, wenn Ihr Körper ausdrücklich danach verlangt.

Herrliches frisches Quellwasser oder Mineralwasser mit wenig Kohlensäure erfrischt den Organismus, gibt dem Körper Energie und trägt dazu bei, ihn gesund zu erhalten. Auch dünne Teevariationen eignen sich sehr gut dazu, den Flüssigkeitshaushalt ins Gleichgewicht zu bringen. Verzichten Sie aber auf Fruchtsäfte in größeren Mengen, auch wenn sie zuckerfrei sind. Sie enthalten oft beträchtliche Mengen an Kalorien, ohne dass wir uns dessen bewusst sind.

Bei allem wünschenswerten Trinkeifer ist allerdings darauf zu achten, ungefähr eine halbe Stunde vor dem Essen nicht mehr zu trinken. Wasser verdünnt den Magensaft, der jedoch für die Aufspaltung der Eiweiße besser unverdünnt sein soll. Bei verdünntem Magensaft erfolgt keine vollständige Eiweißaufspaltung. Das Protein wird zum Teil unverdaut weitertransportiert, was zu chronischen Verdauungsstörungen führen kann.

Tee

Philosophie

Stellen Sie sich einen behaglichen Raum vor, warme Socken, vielleicht ein Kaminfeuer, vor Ihnen eine Tasse dampfender Tee. Wie kein anderes Getränk assoziieren wir den Tee mit Wohlbefinden, im Konzept der Energy Cuisine ist er aber noch viel mehr: Vitamin- und Mineralienlieferant, Durstlöscher und Gesundmacher.

Pfefferminze, Zinnkraut, Salbei, Fenchel, Melisse und viele mehr – Kräuter mit heißem Wasser aufzugießen und als Tee zu reichen ist eine Jahrhunderte alte Kulturform und ein traditionelles Heilmittel. Entscheidend für die gewünschte Wirksamkeit des Tees ist der Einsatz der richtigen Kräuter, ihre Zusammensetzung und die sachgemäße Zubereitung. Um den größtmöglichen Wirk- und Geschmackstoffgehalt zu erzielen, werden die getrockneten Pflanzenteile idealerweise erst kurz vor der Zubereitung zerkleinert. Bei einer früheren Zerkleinerung und längeren Lagerung verflüchtigen sich die wirksamen ätherischen Öle. Probieren Sie es doch einfach einmal selbst aus: Trinken Sie zum Beispiel Pfefferminztee aus fertig gekauften Teebeuteln und vergleichen Sie diesen mit dem Aufguss von selbst gepflückter und getrockneter Pfefferminze. Bei der industriell hergestellten Ware in Filterbeuteln sind nicht nur Einbußen bei den Geschmacksaromen erkennbar, sondern es ergeben sich durch die starke Zerkleinerung auch Wirkungsverluste. Sollte die Beschaffung von frischen Pflanzen nicht möglich sein, ist es jedenfalls ratsam, Kräutertees aus dem Naturkostbereich zu verwenden. Abzuraten ist von Instanttee. Er weist den geringsten Anteil an Wirkstoffen und einen oft hohen Gehalt an Zucker auf.

Da die Löslichkeit der einzelnen Inhaltsstoffe der verschiedenen Teesorten unterschiedlich ist, spielt die Ziehdauer eine große Rolle für die Wirkung auf den menschlichen Organismus. Deutlich wird das zum Beispiel beim schwarzen Tee: Kurz gezogen wirkt er anregend, da sich in den ersten Minuten das Teein aus den Blättern löst. Nach 3–5 Minuten treten jedoch Gerbstoffe aus, die das Teein so binden, dass es nicht mehr vom Körper aufgenommen werden kann. Damit hat der schwarze Tee seine anregende Wirkung verloren.

Purification

Der Tag beginnt

Die ersten Sonnenstrahlen fallen ins Zimmer, der Wecker läutet, der Tag beginnt und bereits in diesen ersten Momenten entscheidet sich, wie er verlaufen wird. Allzu oft überlassen wir seine Gestaltung unserem Umfeld, unserem Terminkalender oder dem Wetter. Das sollten wir nicht, denn es ist unser Tag und wir entscheiden, ob es uns heute gut geht. Beginnen Sie den Morgen mit einem positiven Gedanken, sagen Sie Ja zu den Herausforderungen, die jeder Tag mit sich bringt. Die moderne Wissenschaft weiß längst, dass eine positive Einstellung zu einem deutlich besseren Funktionieren unseres Organismus führt. Anders ausgedrückt, wer ständig sauer ist, wird bald auch wirklich sauer sein.

Wie alles im Leben durchläuft unser Körper viele Rhythmen, der wesentlichste davon ist wohl der Tag-Nacht-Rhythmus. Lebt man mit diesem im Einklang, fällt Vieles leichter. In den Morgenstunden kurbelt der Körper die Produktion zahlreicher Hormone wie Cortisol oder Adrenalin an, um sich auf Aktivität einzustellen. Sämtliche Stoffwechselvorgänge laufen jetzt auf Hochtouren, der Körper will Nahrung, er benötigt Energie, um Kraft für den Tag zu bekommen. Nützen Sie diese besonderen Momente Ihres Lebens richtig. Am Lanserhof beginnen wir den Tag mit unserem „aktiven Erwachen" – leichte Bewegung, die uns einstimmt auf die kommenden Stunden.

Gehen Sie hinaus, tanken Sie Licht, Luft und Freude und spüren Sie, wie Sie lebendig werden.

Bewegung am Morgen.

Durch regelmäßige Bewegung verbessert sich die Sauerstoffversorgung des gesamten Körpers, der Muskelanteil steigt und das Bindegewebe wird straffer. Die Energie, die er dafür benötigt, nimmt sich der Körper aus den Fettspeichern. Wer sich also regelmäßig bewegt, verbrennt mehr Fett – auch dann, wenn er gerade auf dem Sofa sitzt.

Ernährung
Am Morgen

Die Morgenstunden sind für unseren Stoffwechsel jeden Tag ein besonderes Ereignis, denn unter den Enzymen (Eiweißmoleküle, die den Metabolismus steuern) herrscht helle Aufregung. Sämtliche aktivierende Hormone begeben sich zu Beginn des Tages auf einen Höhenflug. Cortison, Adrenalin oder die Schilddrüsenhormone, sie alle erreichen in diesen Stunden ihr höchstes Niveau. Nützen Sie diese hohe Stoffwechselleistung unbedingt aus: Speisen, die Sie jetzt zu sich nehmen, werden gut verwertet. Das Frühstück ist die einzige Mahlzeit, bei der sich ein erhöhter Kohlenhydratkonsum nicht direkt auf den Bauchumfang auswirkt. Versorgen Sie Ihren Körper am Morgen mit hochwertigem Eiweiß, Vitaminen und Mineralien aus frischem Obst und Gemüse. Ein kräftiges Vital-Frühstück bringt Energie für einen leistungsfähigen und wachen Tag.

Frühstückstipp: Gönnen Sie sich doch einmal ein ausgedehntes „königliches" Frühstück aus Frischkornmüsli, saftigen Früchten der Saison, Vollkornbrot, Butter, hausgemachten Marmeladen, Imkerhonig, Geflügelwurst, Ziegen- und Schafkäse. Warme Breis aus Amarant, Hirse, Dinkel oder Mais mit Früchten sind eine gute Alternative zu Brot. Dazu Getreide- oder Bohnenkaffee ohne Zucker und Süßstoff oder kurz gebrühten Grün- bzw. Schwarztee: ein optimaler und köstlicher Start in den Tag.

Kohlenhydrate

Benötigt unser Körper Energie, hat er die Möglichkeit auf zwei verschiedene Stoffe zurückzugreifen: Fette und Zucker. Während die Fettverbrennung deutlich mehr Zeit und Sauerstoff benötigt, ermöglicht der Zucker im Blut, schnell große Energiemengen zu mobilisieren. Zucker kann auf verschiedene Arten durch die Nahrung aufgenommen werden, im Blut kommt letzt ich aber nur Traubenzucker (Glukose) vor.

In unseren Nahrungsmitteln finden wir Zucker vor allem in Form von Kohlenhydraten, eine Verkettung unzähliger Zuckermole<üle. Je umfangreicher die Ketten sind, desto länger dauert die Aufspaltung und Aufnahme von reinem Traubenzucker, was zu einem langsamen Anstieg des Blutzuckerspiegels führt.

Kurzkettige Kohlenhydrate, wie der beliebte Kristallzucker, bestehen aus lediglich zwei Zuckermolekülen und lassen daher den Blutzuckerspiegel rasch steigen. Dies führt wiederum zu einer starken Insulinausschüttung. Das Insulin, ein Hormon der Bauchspe cheldrüse, öffnet nun die Körperzellen, um den Zucker aufzunehmen, der Blutzuckerspiegel fällt schnell wieder und der Körper verlangt nach einer erneuten Aufnahme von Zucker. Aus diesem Grund ist es sinnvoller, zum Auffüllen der Energiespeicher auf langkettige Kohlenhydrate, die unter anderem in Vollkornprodukten enthalten sind, zurückzugreifen. In diesem Kontext ist allerdings zu bedenken, dass durch das Minimum an körperlicher Arbeit, das wir heutzutage noch leisten müssen, unser Energiebedarf reduziert und der Bedarf an Kohlenhydraten sehr gering ist. Trotzdem ist unsere Ernährung oft immer noch auf einen großen Kohlenhydratanteil aufgebaut.

Da unser Körper in der Lage ist, überschüssigen Zucker in Fett umzuwandeln, liegt auf der Hand, dass ein Übermaß an Kohlenhydraten in der Nahrung unweigerlich zu Übergewicht führen muss. Vermeiden Sie daher große Kohlenhydratportionen, außer Sie haben einen erhöhten Energiebedarf. Im Alltag wird das vor allem am Morgen der Fall sein – ein Zeitpunkt, zu dem alle Stoffwechselhormone ihr Hoch erreichen und sich der Zucker nicht als Fett ablagert.

Auch die meisten Obstsorten enthalten Fruktose, also Fruchtzucker. Dieser ist ebenfalls ein Einfachzucker, er muss aber erst zu Glukose umgewandelt werden und führt daher nicht unbedingt zu Blutzuckerspitzen. Obst enthält zahlreiche Vitamine und Mineralien und sollte Teil der täglichen Ernährung sein.

Kraft aus Korn

Alle Stoffe, die der Organismus benötigt, um optimal zu funktionieren, sind im Getreide enthalten: Kohlenhydrate, Eiweiß, Fett, Vitamine, Spurenelemente, Mineral- und Ballaststoffe. Das Getreidekorn ist ein wichtiger Bestandteil einer gesunden Ernährung und daher auch unverzichtbar in der Energy Cuisine.

Es lohnt sich aber, sich für eine möglichst wenig verarbeitete Form des Getreides, für die Vollkorn-Variante, zu entscheiden. Im Auszugsmehl, dem herkömmlichen, kleiearmen Weißmehl, das aus dem Mehlkern gewonnen wird, finden sich nur mehr wenige wertvolle Inhaltsstoffe. Es entzieht dem Körper Vitalstoffe und führt zu einem sauren Stoffwechsel.

Betrachtet man die Bekömmlichkeit des Getreides und seine Wirkung auf unsere Verdauung, ist der Effekt allerdings genau entgegengesetzt. Weißmehl ist leichter verträglich, denn die im Vollwertgetreide enthaltenen Ballaststoffe werden nicht verdaut. Sie dienen so aber als Regulator des Darms. Wählen Sie Getreidegerichte entsprechend Ihrer Verdauungsleistung. Beim Genuss eines Frischkornmüslis wird unsere Verdauung naturgemäß mehr gefordert als beim Verzehr von Weißbrot, wobei gekochte Breie und Getreidespeisen bekömmlicher sind. Ungekochtes Getreide in Verbindung mit Milch und Süßungsmitteln kann in der Umstellungsphase oft zu Verdauungsbeschwerden führen. Verwenden Sie in der Anfangsphase weniger Getreide, bis sich Ihr Körper an die neue Ernährungsform gewöhnt hat.

Getreide und Hülsenfrüchte richtig garen.

Wenn Sie ein Gericht mit gekochtem Getreide oder Hülsenfrüchten zubereiten möchten, ist es wichtig, herauszufinden, ob die verwendete Art vor dem Garen eingeweicht werden muss. Hinweise dazu finden sich fast immer auf der Verpackung. Typische Getreidesorten und Hülsenfrüchte, die in kaltem Wasser mindestens 4 bis 5 Stunden eingeweicht werden müssen, sind Grünkern, Roggen, Kamut, Rollgerste, verschiedenste Trockenbohnen und Linsen. Gekocht werden alle Arten ohne Salz in Wasser oder Brühe laut Verpackungsangabe, anschließend lässt man sie auf kleiner Stufe bei ca. 100 Grad quellen. Hier einige Richtwerte zu den Gar- und Quellzeiten:

Buchweizen, Quinoa, Hirse, Reis:
10–15 Minuten kochen, 20–30 Minuten quellen

Amarant, Hafer, Vollwertreis:
20–30 Minuten kochen, 20–30 Minuten quellen

Grünkern, Roggen, Kamut:
30–45 Minuten kochen, 40–50 Minuten quellen

Das ideale Frischkornmüsli.
Eine ausgewogene Kombination wichtiger Vitalstoffe hilft dem Körper, den Tag mit Energie zu beginnen.

Frisch gemahlenes, eingeweichtes Getreide

+

Obst, Früchte, Beeren oder Trockenfrüchte zum Süßen

+

Nüsse, Kerne oder Samen wie Mandel, Walnüsse, Pignoli

+

Schaf-, Ziegen- oder Kuhjoghurt bzw. Sahne

Energie-Frischkornmüsli

Zutaten

4 Portionen

5–6 EL Dinkel (grießartig gemahlen)
1/8 l Wasser | 200 g Schafjoghurt oder
60 g Sahne | 2 Bananen | 1 Apfel
2 EL Rosinen | 1 EL gehackte Walnüsse
Beeren zum Garnieren | Honig nach
Belieben | Zitronensaft nach Belieben

Zubereitung

Dinkelgrieß mit Wasser vermischen und mindestens 2–3 Stunden oder über Nacht quellen lassen. Die Banane in blättrige Stücke schneiden und den Apfel grob reiben. Alles mit den restlichen Zutaten vermengen. Nach Belieben mit Honig süßen, mit Zitronensaft abschmecken und mit den Beeren garnieren.

Tipp: Statt Honig kann auch Ahornsirup verwendet werden. Süßen Sie das Müsli vorsichtig, da ihm bereits das Obst viel Süße verleiht. Zusätzlich zu den Walnüssen schmecken auch Haselnüsse und Mandeln wunderbar.

Schafjoghurt mit Papaya und Leinöl

Zutaten

4 Portionen

400 ml Schafjoghurt | 240 g Papaya
oder andere Früchte | 2 EL Leinöl
50 g Nüsse (Walnüsse, Pinienkerne,
Mandeln) | Honig nach Belieben
Zitronensaft nach Belieben
frische Minze | frische Vanille

Zubereitung

Papaya bzw. andere Früchte kleinwürfelig schneiden und mit den restlichen Zutaten vermengen. Nach eigenem Empfinden mit Zitronensaft, Minze und Vanille abschmecken.

Quinoa-Müsli

Zutaten

4 Portionen

80 g Quinoa | 250 ml Wasser
1 Prise Salz | 1–2 Bananen | 1–2 Äpfel
1 EL Leinöl kaltgepresst | 1 EL Rosinen ungeschwefelt | 300 ml Schaf- oder Kuhjoghurt | Früchte der Saison

Zubereitung

Quinoa mit Wasser und Salz in einem kleinen Topf einmal aufkochen und ca. 20 Minuten bei reduzierter Hitze quellen lassen. Die geschälten Äpfel reiben, Bananen blättrig schneiden und mit dem ausgekühlten Quinoa und den restlichen Zutaten verrühren. Mit Früchten garnieren.

Tipp: Quinoa kann im Dampfgarer im Verhältnis 1 Teil Quinoa zu 1 Teil Wasser gegart werden. Probieren Sie dieses Rezept auch einmal mit Hirse oder Amarant aus.

Breie

Gofio-Brei 1 Portion

Zutaten: 40 g Dinkelmehl
(Dinkel geröstet und gemahlen)
250 ml Wasser oder Sojamilch
1 Prise Himalayasalz | Zimt
Honig oder Ahornsirup

Zubereitung: Die ganzen Dinkelkörner in einer Pfanne leicht rösten, auskühlen lassen und mit der Getreidemühle mahlen. Das gemahlene Korn in einem Topf mit dem kalten Wasser oder der Sojamilch unter ständigem Rühren einmal aufkochen und 2–3 Minuten quellen lassen. Mit Zimt bestreuen und mit Honig oder Ahornsirup nach Belieben süßen.

Tipp: Rösten und mahlen Sie das Dinkelkorn für ca. 1–2 Wochen auf Vorrat, so sparen Sie Zubereitungszeit am Morgen.

Brei aus Quinoa / Amarant / Hirse 1 Portion

Zutaten: 40 g Getreide (Quinoa, Hirse, Amarant, Reis oder Mais)
250 ml wahlweise Wasser, Milch oder Sojamilch | 1 Prise Himalayasalz
Honig oder Agavendicksaft

Zubereitung: Getreidekörner in der Getreidemühle fein mahlen. Mehl in das kalte Wasser oder die Milch einrühren, einmal aufkochen und noch ca. 5 Minuten quellen lassen. Salzen und nach Geschmack mit Honig oder Agavendicksaft süßen.

Tipp: Zimt, Ingwer, Kardamom oder frische Früchte harmonieren sehr gut mit diesem Brei.

Reisbrei mit Ingwer 1 Portion

Zutaten: 25 g Vollwertreis
250 ml Wasser oder Sojamilch
1 Prise Himalayasalz | gehackter Ingwer | Zimt | Agavendicksaft

Zubereitung: Vollwertreis mit der Getreidemühle fein mahlen und mit kaltem Wasser oder Milch und Ingwer zu einem Brei kochen. Zugabe von Zimt und Agavendicksaft nach Belieben.

Tipp: Der Brei schmeckt köstlich mit frischen Beeren oder anderen saisonalen Früchten.

Brot

Dinkel-Hafer-Brötchen 20 Stück à 70 g

Zutaten: 400 g Dinkel-Vollmehl
100 g Haferflocken | 250 g Dinkel-Weißmehl | 14 g Trockenhefe oder 42 g frische Hefe | 500 ml Wasser (Mineralwasser) | 250 g Schafjoghurt | 1 1/2 TL Himalayasalz
1 TL Kümmel | 1 TL Anis
1 TL Koriander | 1 TL Honig

Zubereitung: Dinkelkörner mit der Getreidemühle nicht zu fein mahlen. Die restlichen Zutaten beigeben, mit einem Kochlöffel gut durchkneten und den Teig anschließend ca. 45 Minuten an einem warmen Ort gehen lassen. Ca. 70 g schwere Brötchen formen, auf ein mit Backpapier ausgelegtes Blech legen und nochmals 15 Minuten gehen lassen. Anschließend im vorgeheizten Backofen bei 190 Grad ca. 20–25 Minuten backen.

Tipp: Bei der Verwendung von Weinsteinbackpulver (20 g) anstatt Hefe ist es nicht notwendig, den Brotteig gehen zu lassen.

Dinkelbrötchen ohne Hefe 15 Stück à 70 g

Zutaten: 500 g Dinkel | 200 g Schafjoghurt | 290 ml Wasser | 3 TL Weinsteinbackpulver | 1 TL Himalayasalz (gehäuft) | Fenchel | Kreuzkümmel
Koriander

Zubereitung: Dinkelkörner mit der Getreidemühle nicht zu fein mahlen. Die restlichen Zutaten beigeben und mit einem Kochlöffel gut durchrühren. Aus dem Brotteig ca. 70 g schwere Brötchen formen und auf ein mit Backpapier ausgelegtes Blech legen. Im vorgeheizten Backofen bei 190 Grad ca. 20 Minuten backen.

Tipp: Probieren Sie als Gewürz auch einmal Rosmarin, Anis oder Kümmel aus.

Glutenfreies Buchweizenbrot 1 Kastenform

Zutaten: 500 g Buchweizenmehl (frischer Buchweizen gemahlen)
20 g Brotgewürz (siehe Grundrezepte)
500 ml lauwarmes Wasser | 1 TL Himalayasalz | 1 Pkg. Trockenhefe (Vitam)
20 g Sesamöl | 60 g Sonnenblumenkerne oder 30 g Leinsamen

Zubereitung: Alle Zutaten gut miteinander vermengen und in eine passende Silikon-Kastenform füllen. Den Teig in der Form ca. 1/2 Stunde gehen lassen. Anschließend im Backrohr bei 160 Grad Heißluft ca. 40 Minuten backen. Nach dem Backen aus der Form stürzen und auf einem Gitterrost auskühlen lassen.

Tipp: Die Hefe kann auch durch Weinsteinbackpulver oder Sauerteig ersetzt werden.

Rosmarin-Grissini aus Kamut 12 Stück

Zutaten: 250 g Kamut (ganz)
90 g Schafjoghurt | 150 ml Wasser
1 TL Weinsteinbackpulver
1/2 TL Himalayasalz (gehäuft)
Rosmarin | Fenchel | Kreuzkümmel

Zubereitung: Kamutkörner mit der Getreidemühle nicht zu fein mahlen. Die restlichen Zutaten beigeben und gut durchrühren. Aus dem Teig ca. 4 mm dicke und 12 cm lange Stangen formen und auf ein mit Backpapier ausgelegtes Blech legen. Mit gehacktem Rosmarin bestreuen und im vorgeheizten Backofen bei 190 Grad 8–10 Minuten goldbraun backen.

Aufstriche

Kichererbsenaufstrich
4 Portionen à 60 g

Zutaten: 250 ml Wasser
50 g Kichererbsenmehl
10 g Erdmandelmehl
1 Prise Himalayasalz | 100 ml kaltgepresstes Lein-, Distel- oder Sesamöl | 2 EL frische Gartenkräuter

Zubereitung: Wasser aufkochen und das Kichererbsen- und Erdmandelmehl einrieseln lassen. Wenige Minuten unter ständigem Rühren zu einem Brei einkochen. Zur Seite stellen und auskühlen lassen. In den ausgekühlten Brei kaltgepresstes Lein-, Distel- oder Sesamöl einrühren und mit den Kräutern verfeinern. Im Kühlschrank aufbewahren.

Tipp: Dieser Brotaufstrich kann mit Gewürzen wie Curry oder Ingwer ganz nach Geschmack verfeinert werden. Mit Pellkartoffeln macht er sich wunderbar als Abendessen.

Wildlachsaufstrich
4 Portionen à 60 g

Zutaten: 250 g roher Wildlachs oder Lachsforelle | frische Kräuter (Dill oder Basilikum) | Zitronensaft
1 Prise Himalayasalz

Zubereitung: Den rohen Wildlachs fein hacken und mit Salz, Kräutern, etwas Zitronensaft und Koriander abschmecken.

Tipp: Frischer Blattkoriander macht den Aufstrich exotisch.

Avocadoaufstrich
4 Portionen à 60 g

Zutaten: 200 g reife Avocados (1–2 Stück) | 50 g Tofu natur
Himalayasalz | Zitronensaft

Zubereitung: Avocado schälen, entkernen und mit dem Tofu passieren oder pürieren. Mit Himalayasalz und Zitronensaft würzen.

Tipp: Zimt, Curry oder frischer Blattkoriander geben eine asiatische Note.

Aufstriche

Würziger Linsenaufstrich mit Chili und Ingwer 4 Portionen à 60 g

Zutaten: 150 g rote Berglinsen
1 Knoblauchzehe | 1 Stk. frischer Ingwer | 50 g rote Paprikaschote
1–2 kleine rote Chilischoten
1 Zweig Thymian oder Basilikum
4 EL Lein- oder Distelöl | Himalayasalz
1/2 TL Honig | 1 EL gehackte Petersilie

Zubereitung: Knoblauch schälen und mit den Linsen in einem Topf mit ca. 350 ml Wasser bei mäßiger Hitze kochen, bis die Linsen fast zerfallen. Den Deckel öfter abheben und kontrollieren, ob die Linsen nicht zu trocken sind. Bei Bedarf noch Wasser nachgießen. Zur Seite stellen und abkühlen lassen. Die Paprikaschoten waschen und schälen, die Stiele der Chili abschneiden, der Länge nach halbieren und die Kerne mit der Messerspitze herauskratzen. Paprika und entkernten Chili so fein wie möglich hacken, Ingwer und Kräuter fein schneiden. Die abgekühlten Linsen mit dem Öl pürieren, Chili-Paprika-Mischung und Kräuter dazugeben und mit Himalayasalz und Honig abschmecken.

Schafkäse-Oliven-Aufstrich 4 Portionen à 60 g

Zutaten: 150 g Schaffrischkäse
60 g Tofu | 40 g grüne oder schwarze Oliven | frische Kräuter (Bärlauch, Basilikum, Petersilie)
Alternative: Gewürze wie Curry, Kurkuma oder Paprika

Zubereitung: Schafkäse mit Tofu passieren oder mixen, mit den fein gehackten Oliven und den Kräutern bzw. Gewürzen vermengen.

Tipp: Bei Verwendung eines milden Schaffrischkäses kann auf den Tofu verzichtet werden, erhöhen Sie aber bei salzigem Schafkäse den Tofuanteil. Der Fettgehalt wird durch Zugabe von Schafjoghurt verringert. Außerdem erhöht das Joghurt die Streichfähigkeit. Am besten schmeckt der Aufstrich mit frischen Gemüsesticks.

Kartoffel-Räucherforellen-Aufstrich 4 Portionen à 60 g

Zutaten: 100 g festkochende Kartoffeln | 20 g Jungzwiebeln
100 g Forellenfilet (geräuchert)
1 TL Dill oder Blattkoriander
40 g Sauerrahm oder Schafjoghurt
2 EL Leinöl | Himalayasalz | Pfeffer aus der Mühle

Zubereitung: Kartoffeln waschen und samt Schale im Dampfgarer dämpfen. Auskühlen lassen, schälen und grob zerkleinern. Forellenfilets von Gräten und Häuten befreien und in kleine Stücke schneiden.

Jungzwiebeln in feine Ringe schneiden, den Dill oder Blattkoriander waschen und durch Zupfen zerkleinern. Kartoffel- und Forellenstücke mit den restlichen Zutaten in einer Schüssel vermengen und mit Salz und Pfeffer abschmecken.

Ernährung
Zu Mittag

Zur Mittagszeit wäre der Stoffwechsel auf eine Nahrungsaufnahme eigentlich sehr gut vorbereitet, leider lässt unser Alltag aber meist nur wenig Raum für diese wichtige Mahlzeit. Knackige, bunte Salate sollten jetzt nicht fehlen und auch frischer Fisch oder ein mageres Stück Fleisch eignen sich hervorragend als Mittagessen. Vermeiden Sie jedoch große Kohlenhydratmengen. Sie benötigen viel Verdauungsarbeit, machen müde und führen zu dem allseits bekannten Leistungstief am frühen Nachmittag. Gegen eine kleine Portion Kartoffeln, Vollwertreis oder -nudeln als Beilage ist jedoch nichts einzuwenden.

Lunchtipp: Bei aller Hektik im Alltag freut sich Ihr Körper, wenn Sie ihn ab und zu mit dem sogenannten „bürgerlichen" Mittagessen verwöhnen: eine Abfolge von etwas Rohkost in Form von Blatt- oder Gemüsesalaten, einer leicht bekömmlichen Gemüsepüreesuppe und Fleisch, Fisch oder auch rein vegetarische Gerichte wie zum Beispiel hausgemachte Vollwertnudeln aus Dinkel mit Basilikum-Pesto, frischer Stangenspargel mit Kräutersauce oder dergleichen. Ein Dessert als kleiner, köstlicher Freudenspender kann das Menü beschließen.

Fette

Das Image der Fette ist immer noch sehr schlecht, vielfach werden sie als Dickmacher verunglimpft. Nicht gerade förderlich für ihren Ruf ist auch, dass sie als Blutfette an der Entstehung von Gefäßverkalkung mit den dramatischen Folgen Herzinfarkt und Schlaganfall beteiligt sind.

Tatsächlich stellen Fette aber einen wesentlichen Teil einer wertvollen und gesunden Ernährung dar. Als unser wichtigster Energielieferant werden sie für zahlreiche Körperfunktionen benötigt.
Bei der Beurteilung von Fetten ist eine Unterscheidung in gesättigte und ungesättigte Fettsäuren zwingend nötig. Während gesättigte Fettsäuren – die tierischen Fette – als reiner Brennstoff dienen und bei übermäßigem Konsum zu erhöhten Blutfettwerten, Bauchspeck und Leberverfettung führen, ist ihr ungesättigtes Pendant ungemein wertvoll für den Erhalt unserer Körperfunktionen. Ungesättigte Fettsäuren binden fettlösliche Vitamine und verhindern Gefäßverkalkung. Diese positive Wirkung trifft ganz besonders auf Omega-3-Fettsäuren zu, die zum Beispiel reichlich in Leinöl zu finden sind.

Verwenden Sie zum Kochen hochwertige, edle Öle. Sie bereichern die Nahrung durch ihren feinen Geschmack, spenden Energie und schützen das Immunsystem. Vermeiden Sie aber wenn möglich tierische Fette.

Suppen

Basensuppe 4–6 Portionen

Zutaten: 200 g Sellerie | 30 g Lauch
250 g Fenchel | 50–80 g mehlige
Kartoffeln | 20 g Olivenöl | 1 l Wasser
Himalayasalz | 1 Lorbeerblatt
Muskat (gemahlen) | 40 ml Sahne,
Schafjoghurt, Sojasahne oder etwas
kaltgepresstes Öl zum Verfeinern

Zubereitung: Das gewaschene und geschälte Gemüse klein schneiden und in einem Topf im Olivenöl mit 2 EL Wasser wenige Minuten andünsten. Mit Wasser oder Gemüsebrühe aufgießen, das Lorbeerblatt dazugeben und weichkochen. Das Lorbeerblatt wieder entfernen und den Topfinhalt mit den Gewürzen zu einer cremigen Suppe pürieren. Eventuell mit Sahne, Joghurt oder einem kaltgepressten Öl, wie Lein-, Nuss- oder Mandelöl, verfeinern.

Alternative: Alternativ kann der Suppe auch mit frischen Kräutern wie Liebstöckel, Dill oder Petersilie zusätzliche Würze verliehen werden. Die kleingeschnittenen Kräuter vor dem Servieren zur Suppe geben und kurz durchmixen.

Tipp: Kochen Sie das Gemüse eher weich, da sich die Suppe sonst nicht fein pürieren lässt. Wenn Sie zu Blähungen neigen, ist es ratsam, keinen Lauch zu verwenden.

Suppen

Kohlrabi-Kartoffel-Suppe mit Saibling 4 Portionen

Zutaten: 2 Stk. Schalotten oder Junglauch | 150 g Kartoffeln
300 g Kohlrabi (geputzt)
40 g Olivenöl | 700 ml Wasser
Himalayasalz | 1 Lorbeerblatt
Muskat | Koriander | Zitronensaft
1 TL Liebstöckel (frisch gehackt)
4 Saiblingsfiletstücke à 30 g

Zubereitung: Kartoffeln, Schalotten und Kohlrabi schälen und in kleine Würfel schneiden. Öl in einem Topf leicht erhitzen und die Gemüsewürfel mit einem Schuss Wasser einige Minuten andünsten. Mit dem restlichen Wasser aufgießen, das Lorbeerblatt beigeben und bei kleiner Hitze ca. 20 Minuten weichkochen. Lorbeerblatt wieder herausnehmen und den Topfinhalt pürieren. Die Suppe mit Himalayasalz und Muskat abschmecken. Saiblingsfiletstücke mit Himalayasalz, Koriander und Zitronensaft würzen und im Dampfgarer bei 80 Grad ca. 3 Minuten garen, bis sie glasig sind. Suppe mit dem Mixstab aufschäumen, in tiefe Teller gießen, den pochierten Saibling in die Mitte setzen und mit frisch gehacktem Liebstöckel servieren.

Tipp: Diese Suppe eignet sich auch sehr gut als Abendmahlzeit. Saibling kann durch andere Fische, Liebstöckel durch andere Kräuter ersetzt werden.

Spargelschaum-süppchen 4 Portionen

Zutaten: 40 g Olivenöl | 2 Stk. Schalotten oder Jungzwiebeln
Himalayasalz | Pfeffer (frisch gemahlen)
1 TL Honig | 350 g weißer oder grüner Spargel | 60 g Kartoffeln (mehlig)
600 ml Wasser oder Gemüsebrühe
50 ml Sahne | frische Kräuter (Bärlauch, Liebstöckel, Petersilie oder Thymian)

Zubereitung: Den Spargel von holzigen Enden befreien und mit dem Sparschäler schälen, bis alle grobfasrigen Teile entfernt sind. Die Spitzen abschneiden, zur Seite stellen und den Rest der Spargelstangen in feine Scheiben schneiden. Die Kartoffeln würfeln und die Jungzwiebeln in kleine Stücke schneiden. Jungzwiebeln in Öl bei schwacher Hitze 5 Minuten dünsten, ohne dass sie Farbe annehmen, mit Salz, Pfeffer und Honig würzen. Die Spargelscheiben und Kartoffelwürfel beigeben, mit Wasser bzw. Gemüsebrühe aufgießen und 20 Minuten leicht köcheln lassen.

Den Topfinhalt mixen und durch ein feines Sieb passieren. Die aufgeschlagene Sahne unterrühren und nochmals abschmecken. Spargelspitzen als Einlage im Dampfgarer dämpfen. Vor dem Servieren die Suppe mit dem Stabmixer aufschäumen. Die Spargelspitzen und frischen Kräuter in Gläsern oder Suppentellern anrichten und mit dem Spargelschaumsüppchen übergießen.

Suppen

Suppe aus Roten Rüben mit Meerrettichschaum
4 Portionen

Zutaten: 150 g Sellerie
200 g vorgekochte Rote Rüben
50 g Kartoffeln | 2 Stk. Schalotten
800 ml Wasser | Himalayasalz
Kümmel (ganz) | Meerrettich (gerieben)
oder Wasabipaste | 50 g Sahne
Petersilie | 2 EL Sesamöl

Zubereitung: Schalotten schälen, in kleine Würfel schneiden und im Öl leicht andünsten. Rote Rüben, Sellerie und geschälte Kartoffeln in ca. 1 cm große Würfel schneiden und zu den Schalotten geben. Mit Salz und Kümmel würzen, mit Wasser aufgießen und ca. 20 Minuten kochen. Den Topfinhalt pürieren und mit Petersilie abschmecken. Für den Meerrettichschaum die Sahne schlagen und geriebenen Meerrettich oder Wasabipaste nach Geschmack einrühren. Mit Himalayasalz und zerstoßenem Kümmel abschmecken.

Kokos-Curry-Suppe
4 Portionen

Zutaten: 200 g Fenchel
2 EL Erdnussöl | 2 Stk. Schalotten
1 Knoblauchzehe | 1 kleine rote
Chilischote | 1 TL gehackter Ingwer
300 ml Kokosmilch | 600 ml Gemüsebrühe | 1 Lorbeerblatt | 1 TL Englischer
Curry | Kapuzinerkresse zum Garnieren

Zubereitung: Fenchel fein schneiden. Schalotten, Ingwer und Knoblauch schälen, hacken und mit der ganzen Chilischote in Erdnussöl bei geringer Hitze rösten. Fenchel kurz mitrösten, Currypulver und Lorbeerblatt dazugeben und mit der Kokosmilch und Gemüsebrühe aufgießen. Alles einmal aufkochen, Hitze reduzieren und ca. 20 Minuten köcheln lassen. Die Chilischote entfernen, mit dem Pürierstab mixen und mit Himalayasalz abschmecken. Mit Kapuzinerkresse garnieren.

Tipp: Servieren Sie die Suppe als Hauptmahlzeit mit 80 g gegarter Hühnerbrust als Einlage.

Kräutergarten

Die Geschichte der Kräuterkunde ist wahrscheinlich ebenso alt wie die Geschichte der Menschheit selbst. Als Möglichkeit, Speisen geschmacklich zu verbessern und die Gesundheit zu fördern, hat der Einsatz von Kräutern in der Küche sowie in der Heilkunde eine lange Tradition.

Die Würz- und Heilkraft von Kräutern hängt unter anderem davon ab, wie sorgsam sie beim Anbau, beim Sammeln und bei der weiteren Verarbeitung behandelt werden. Wie bei allen Pflanzen ist der höchste Wirkstoffgehalt und die beste Würzkraft im frischen Zustand gegeben. Viele Kräuter, wie Petersilie, Dill, Salbei, Kamille oder Schnittlauch, können im eigenen Garten angepflanzt werden, andere, wie Bärlauch oder Löwenzahn, sind auch wild im Wald oder auf Wiesen zu finden. In ihrem natürlichen Umfeld können sie sich optimal entfalten und ihre Geschmacks- und Heilstoffe bestmöglich ausbilden. Das Sammeln von Kräutern bedarf jedoch einer guten Pflanzenkenntnis und sollte daher mit Vorsicht durchgeführt werden, um Verwechslungen und deren mitunter negative Konsequenzen zu vermeiden.

Viele Kräuter gibt es auch fast das ganze Jahr über frisch im Handel zu kaufen. Ein Zeichen von Frische sind eine intensive grüne Farbe und saftige Blätter. Bei verfärbten, welken Pflanzen hat möglicherweise aufgrund einer langen Lagerung bereits ein Abbau der wichtigen Inhaltsstoffe begonnen. Idealerweise werden frische Kräuter aus biologisch-ökologischem Anbau ohne den Einsatz von Pestiziden und anderen Schadstoffen im Naturkosthandel besorgt. Viele Gewürzkräuter werden auch getrocknet und gefroren angeboten.

Die gefrorenen sind den getrockneten in jedem Fall vorzuziehen, da das Gefrieren von Kräutern schonender ist und ihren natürlichen Geschmack und ihre Inhaltsstoffe besser und länger bewahrt. Wie bereits erwähnt sollten frische Kräuter beim Einsatz in der Küche vorsichtig behandelt werden. Sie dürfen nur kurz unter fließendem Wasser gewaschen und vorsichtig mit weichem Küchenpapier trockengetupft werden. Zum Zerkleinern sollten scharfe Messer verwendet werden, da durch Quetschen das Aroma verloren geht.

Die heilende Wirkung von Kräutern.

Kräuter verfeinern nicht nur Ihre Speisen, sondern besitzen mitunter auch Wirkstoffe, die Ihrer Gesundheit dienlich sein können. Sie bieten die Möglichkeit, bei Bedarf mit natürlichen Wirkstoffen positiv auf den Organismus einzuwirken. Verwendet man Kräuter in starker Konzentration, besteht allerdings auch die Gefahr von Wechselwirkungen mit verschiedenen Medikamenten. Es ist ratsam, sich mit einem Arzt abzusprechen, wenn man die Wirkungen von Kräutern ausnützen möchte. Die Anwendungsbereiche der Heilkräuter sind sehr vielfältig. Sie können bei nahezu allen Beschwerden gezielt zur Linderung, Prophylaxe und zur diätetischen Begleitung eingesetzt werden. Auch oder gerade für die Gewichtsreduktion stehen Kräuter zur Verfügung, die die Stoffwechsellage aktivieren.

Vorratskräuter

Frische Kräuter können auf vielfältige Art konserviert und so das ganze Jahr über genossen werden:

Einfrieren erhält das Aroma, die Inhaltsstoffe und die Farbe von dazu geeigneten Kräutern wie Schnittlauch, Dill, Estragon, Koriander, Fenchel, Liebstöckel, Minze, Basilikum, Majoran, Oregano, Petersilie oder Thymian besonders gut. Waschen Sie die Kräuter sorgfältig, trocknen Sie sie gut ab und frieren Sie sie entweder ganz oder gehackt ein. Gefrorene Kräuter können beim Kochen ohne Auftauen in die Speisen gegeben werden.

Zum Trocknen sind nicht alle Kräuter geeignet. Basilikum und Petersilie zum Beispiel büßen an Geschmack ein, wenn sie getrocknet werden. Bei anderen Kräutersorten wird das Aroma durch Trocknen hingegen verstärkt. Getrocknete Kräuter müssen immer mitgekocht werden, um ihr Aroma perfekt zu entfalten und in Gerichten den gewünschten Effekt zu erzielen. Die Pflanzen können auf zwei verschiedene Arten getrocknet werden: Beim Lufttrocknen werden mehrere Zweige zusammengebunden und an einem warmen, trockenen Ort ohne direkte Sonneneinstrahlung einige Tage aufgehängt und getrocknet. Beim Trocknen im Ofen werden die Kräuter lose auf einem Backblech bei max. 35 Grad und leicht geöffneter Ofentür sanft konserviert. So bleibt ihr Aroma vollständig erhalten. Die Kräuter sind fertig getrocknet, wenn sich die Blätter zwischen den Fingern zerreiben lassen. Gut für diese Konservierungsart eignen sich unter anderem Oregano, Dill, Liebstöckel, Bohnenkraut, Majoran, Minze, Rosmarin, Zitronenmelisse, Thymian oder Salbei.

Auch das Einlegen in Öl, Essig oder Salz ist eine Variante, Kräuter aufzubewahren. Füllen Sie die gewaschenen und getrockneten Kräuter in Flaschen oder Gläser, bedecken Sie sie mit hochwertigem kalt gepressten Öl oder Essig und lassen Sie sie ziehen. Kräuter in Essig sollte man ungefähr 10–14 Tage in die Sonne stellen. Beim Einlegen in Salz werden die Pflanzen fein gehackt und mit einem guten Salz (z. B. Himalaya- oder Steinsalz) vermischt. Als Mischverhältnis empfiehlt sich 1 Teil Salz zu 4 Teilen Kräutern.

Thunfisch mit grünem Algensalat

Zutaten

4 Portionen

Fisch:

280 g	frischer Thunfisch
	Himalayasalz
	frischer, weißer Pfeffer
1	Limette
	Bärlauch oder Blattkoriander
1–2 EL	Olivenöl

Algensalat:

150 g	grüne Algen
3 EL	Distelöl
1 EL	Balsamessig
1 EL	Limettensaft
	Himalayasalz
20 g	Gomasio

Zubereitung

Thunfisch in dünne Scheiben schneiden und mit Salz, Pfeffer, Limettensaft, Bärlauch und Olivenöl marinieren.

Für den Algensalat die frischen grünen Algen in einer Schüssel mit viel kaltem Wasser gut waschen. Algen kurz in kochendes Wasser geben und anschließend wieder im kalten Wasser abkühlen. Mit den restlichen Zutaten zu einem schmackhaften Salat verarbeiten.

Den marinierten Thunfisch mit dem Algensalat servieren.

Jakobsmuschel mit Duett von Avocado und Mango

Zutaten

4 Portionen

1–2 Avocados
1/2 Mango (ca. 80 g)
1/4 TL Curry
2 EL Zitronensaft
1 Prise frische Vanille
Himalayasalz
4 frische Jakobsmuscheln
2 EL Olivenöl
1 kleine rote Chilischote
1 Knoblauchzehe mit Schale

Limetten-Olivenöl-Marinade:
40 ml Limettensaft
80 ml Olivenöl
1 EL Agavensirup
Himalayasalz
Blattkoriander

Zubereitung

Avocados und Mango schälen, halbieren, die Kerne entfernen, in kleine Würfel schneiden und mit Salz, Curry, Zitrone und Vanille würzen und vorsichtig vermengen.

Die Jakobsmuscheln mit Salz und Zitronensaft würzen. Olivenöl in einer Pfanne erwärmen und die Chilischote und den halbierten Knoblauch mit der Schale in die Pfanne geben. Jakobsmuscheln dazugeben und kurz anbraten, dabei öfter mit dem Öl übergießen. Muscheln samt Öl und Gewürzen auf einen Teller oder in eine Auflaufform geben und im Backofen bei 65 Grad ca. 10–15 Minuten garen, bis sie glasig erscheinen.

Für die Limetten-Olivenöl-Marinade Limettensaft, Olivenöl und Agavensirup verrühren und mit Salz und Blattkoriander abschmecken.

Die Jakobsmuscheln mit dem Avocado-Mango-Salat anrichten und alles mit der Marinade beträufeln.

Tomaten-Schafkäse-Lasagne

Zutaten

4 Portionen

300 g	Tomaten
	Olivenöl
	Thymian (1 Zweig)
	Himalayasalz
1	Chilischote
1/2 TL	Honig
1 TL	Agar-Agar
200 g	Schaffrischkäse (gerieben)
2 EL	Balsamessig
1 TL	Agavensirup
4	Kirschtomaten
	Basilikum
	zarter Salat (4 Blätter)
1 EL	Pinienkerne (hell geröstet)
2 EL	gehackte frische Oliven

Zubereitung

Tomaten schälen, entkernen und vierteln. Olivenöl in einer Pfanne erwärmen, die ganze Chilischote, Tomatenviertel, Honig, etwas Salz und Thymian dazugeben und ein paar Minuten dünsten. Agar-Agar einrühren und einmal aufkochen lassen. Das Tomatengelee ca. 5 mm dick auf ein mit Frischhaltefolie belegtes Blech streichen und kühl stellen, bis es gestockt ist.

In der Zwischenzeit aus 4 EL Olivenöl, 2 EL Balsamessig, Salz und Agavensirup ein Dressing herstellen.

Das gestockte Tomatengelee in 3 Teile schneiden und abwechselnd mit dem geriebenen Schaffrischkäse zu einer Lasagne zusammensetzen. Portionieren, mit dem Olivenöldressing marinieren und mit frischen Salatblättern, Kirschtomaten, gehackten Oliven, Basilikum und Pinienkernen servieren.

Salatherzen mit Sprossen und Papaya

Zutaten

4 Portionen

200 g	Salatherzen (Radicchio, Romanischer, Feldsalat, Eichblatt)
50 g	Sprossen (Alfalfa, Wasabi, Radieschen, Senfsprossen)
1	Papaya (ca. 160 g Fruchtfleisch)
2 EL	Mandelblätter
1/2 TL	Dijonsenf
60 ml	Himbeer- oder Balsamessig
100 ml	kaltgepresstes Öl (Oliven-, Sesam-, Distel- oder Leinöl)
	Himalayasalz
1 TL	frische Gartenkräuter

Zubereitung

Salatblätter vom Strunk lösen, waschen, in mundgerechte Stücke zupfen und trockenschleudern. Die Sprossen ebenfalls waschen und trockenschütteln. Papaya schälen, der Länge nach halbieren, mit einem Löffel die Kerne entfernen und würfeln oder in Scheiben schneiden. Für die Marinade Senf mit Essig, Öl und Salz verrühren. Salatherzen, Sprossen und Papaya mit der Marinade anmachen und auf Tellern anrichten. Mit Mandelblättern und Kräutern garnieren.

Tipp: Je nach Jahreszeit können Sie auch Wildsalate wie Girsch, Fetthenne, Löwenzahn oder Spitzwegerich verwenden. Etwas Hirschschinken schmeckt zu dieser Vorspeise ebenfalls besonders gut.

Rote-Rüben-Carpaccio mit Sellerie

Zutaten

4 Portionen

Carpaccio:
320 g gekochte Rote Rüben
40 g weißer Balsamessig
gestoßener Kümmel
etwas Meerrettich
20 g Pinienkerne

Sellerie:
120 g Stangensellerie
80 g Knollensellerie
60 g Distelöl
50 g weißer Balsamessig
Steinsalz
frische Petersilie

Schafjoghurtdip:
10 g Dijonsenf
70 g Schafjoghurt
Himalayasalz
10 g Leinöl

Zubereitung

Die gekochten und geschälten Rote-Rüben-Knollen dünnblättrig aufschneiden und mit Essig und etwas Kümmel marinieren.

Stangensellerie schälen, Knollensellerie schälen und blättrig schneiden und zusammen bissfest dämpfen. Noch lauwarm mit Balsamessig, Distelöl, Salz und frischer Petersilie zu einem Salat verarbeiten.

Für den Dip Schafjoghurt, Dijonsenf und Leinöl verrühren und mit Himalayasalz abschmecken.

Die marinierten Roten Rüben auf einem Teller auflegen und mit dem Schafjoghurtdip überziehen. Mit dem Sellerie und einer Garnitur aus Pinienkernen und Meerrettich servieren.

Tipp: Probieren Sie anstatt der Roten Rüben auch einmal ein anderes Gemüse aus. Hervorragend für das Carpaccio eignen sich zum Beispiel auch Kohlrabi oder Karotten.

Spargel-Fenchel-Salat mit gebratener Seezunge

Zutaten

4 Portionen

4	Seezungenfilets
250 g	grüner oder weißer Spargel
120 g	Fenchel
6 EL	Olivenöl
4 EL	weißer Balsamessig
1	kleine rote Chilischote
1/2 TL	Orangenzesten
	Himalayasalz
	frischer Pfeffer
	Ingwer (1 Scheibe)
	Bärlauch (2 Blätter)
	Rosmarin (1 kleiner Zweig)
	Zitronengras (4 Stangen)
2	Orangen (filetiert)
	frische Kräuter

Zubereitung

Spargelstangen schälen, die holzigen Enden abschneiden und schräg in ca. 3 cm große Stücke schneiden. Den Fenchel in mundgerechte Stücke schneiden. Zusammen im Dampfgarer ca. 5 Minuten bissfest dämpfen.

Inzwischen das Olivenöl in einem kleinen Topf leicht erwärmen und die halbierte Chilischote, die Ingwerscheibe, die Orangenzesten und den Rosmarinzweig ca. 5 Minuten darin ziehen lassen. Essig einrühren und mit Himalayasalz und Pfeffer abschmecken. Spargel und Fenchel mit Himalayasalz und Bärlauch abschmecken.

Die Seezungenfilets um das Zitronengras wickeln und mit Salz und frisch gemahlenem Pfeffer würzen. 1 EL Olivenöl in einer Pfanne erwärmen und die Filets darin bei milder Hitze auf beiden Seiten 1–2 Minuten braten. Pfanne vom Herd nehmen und die Fischfilets in der Resthitze glasig ziehen lassen.

Den lauwarmen Spargel-Fenchel-Salat auf Tellern anrichten und die gebratene Seezunge darauflegen. Mit dem Gewürzöl übergießen und mit frischen Kräutern und Orangenfilets garnieren.

Kochtechniken

Für Abwechslung in der Energy Cuisine sorgen, neben den frischen und vielfältigen Zutaten, die verschiedenen Garmethoden, die jedem Gericht sein spezifisches Aroma und seine typische Konsistenz verleihen.

Die schonendste Garmethode ist das Garen im Dampf. Dazu ist es gar nicht unbedingt nötig, einen komfortablen, aber teuren Dampfgarer zu besitzen, man kann sich auch mit einem einfachen und effizienten Dünstsieb behelfen. Diese Zubereitungsart eignet sich sehr gut für Fisch, Gemüse und Kartoffeln. Die Nahrungsmittel behalten ihren natürlichen Geschmack, ihre Farbe und einen Großteil ihrer wertvollen Vitalstoffe.

Schmoren lassen sich grundsätzlich alle festen Gemüsearten wie Wurzelgemüse, Fenchel, Karotten oder Kohlrabi sowie Fleisch und Fisch. So wird Gemüse besonders saftig: Etwas Olivenöl in einen Topf geben und nicht allzu heiß werden lassen, geschnittenes Gemüse dazugeben, alles 1–2 Minuten andünsten, mit etwas Wasser oder klarer Gemüsebrühe aufgießen und je nach Gemüseart einige Minuten zugedeckt schmoren.

Braten bei Niedrigtemperatur schont das Gargut und hält es saftig, und das noch dazu mit einem sehr geringen Aufwand. Es eignet sich besonders zur Zubereitung von Fleisch. So funktioniert's: Etwas Olivenöl eine Bratpfanne geben und leicht erwärmen, das Stück Fleisch, das gebraten werden soll, würzen, in die Pfanne geben und auf allen Seiten anbraten. Nach dem Anbraten das Fleisch auf einem vorbereiteten Rost, der auf einem Backblech liegt, platzieren und je nach Größe bei 80–120 Grad im Backofen fertig garen. Ist die gewünschte Kerntemperatur erreicht, den Backofen auf 60 Grad zurückschalten. Die ideale Kerntemperatur für zartrosa Kalbsfilet und Roastbeef englisch liegt bei 55 Grad Celsius.

Beim Dünsten wird das Lebensmittel in etwas Wasser weich bzw. bissfest gegart. Zum Dünsten von Gemüse kann anstelle von Wasser auch Basenbrühe verwendet werden. Fleisch oder Fisch werden in entsprechenden Fonds gegart. Vorgehensweise: Wenig Fett in einem flachen Topf erhitzen und die Lebensmittel kurz anschwitzen. Wasserhaltiges Gemüse wie Zucchini, Tomaten und Spinat, aber auch Fisch bei reduzierter Hitze fertig garen. Anderes Gemüse mit Wasser oder Brühe ablöschen, den Topf gut verschließen und ebenfalls die Hitze reduzieren und fertig garen. Diese Garmethode eignet sich für Gemüse wie Paprika, Möhren oder Mangold, Früchte wie Äpfel oder Aprikosen und zarten Fisch. Da einiges an Vitaminen in die Garflüssigkeit übergeht, ist es ratsam, diese mitzuessen.

Kochen heißt eigentlich, Lebensmittel im kochenden Wasser zuzubereiten. Diese Zubereitungsart ist für bestimmte Lebensmittel, wie zum Beispiel Nudeln oder Spargel, unumgänglich.

Beim Sautieren wird Zerkleinertes unter Rühren kurz angebraten. Dazu wenig Fett in einer Pfanne erhitzen, die Zutaten beigeben und die Pfanne schnell schwenken oder mit einem Kochlöffel gut umrühren. Sautieren ist eine beliebte Zubereitungsart für Fleisch, Fisch und knackiges Gemüse – Pilze, Spitzkohl, Tomaten, Zucchini, Pack Choi u.v.m.

Beim Gratinieren wird ein beliebiges Lebensmittel oder Gericht kurz überbacken. Diese Garmethode steht aber auch für die Zubereitung von Aufläufen.

Eine gute Abwechslung zu den herkömmlichen Garmethoden ist das Garen in der Folie. Es passt ideal zur Philosophie der Energy Cuisine, weil alle Nährstoffe des Lebensmittels erhalten bleiben und sich das Aroma des Gargutes voll entfalten kann. Ein weiterer Vorteil: Ist das Fleisch, der Fisch, das Geflügel, Gemüse oder Obst einmal in der Folie und im Ofen, ist die Arbeit für den Koch getan. Weder Anbrennen noch Austrocknen sind eine Gefahr und so kann auf Begießen oder Umrühren verzichtet werden. Die Garzeit kann ideal und störungsfrei genutzt werden, um Beilagen oder andere Speisen zuzubereiten.

Fangfrisch

Es ist früher Morgen, ein kalter spätwinterlicher Wind bläst über das Mittelgebirge bei Innsbruck. In der Fischzucht Teufelsmühle herrscht trotz der eisigen Temperaturen rege Betriebsamkeit. Volkmar Steger, Fischzüchter und Herr über 14 Teiche mit 25.000 Fischen, steht mit seinem Fischernetz im klaren Wasser und kümmert sich um den Fang des Tages, der später als köstliche Mahlzeit die Gäste am Lanserhof begeistern wird.

„Man muss schon positiv verrückt sein, wenn man diesen Beruf ausübt", meint er. Dabei huscht ein zufriedenes Lächeln über sein sympathisches, wettergegerbtes Gesicht. Der Vollblut-Fischer angelt seit seinem 5. Lebensjahr, 1972 gründete er den Familienbetrieb. Seine Saiblinge, Bach-, Lachs- und Seeforellen sind allesamt Bio-Fische und werden mehr als zwei Jahre herangezogen, bis sie reif zum Verzehr sind. Im Gegensatz zur herkömmlichen Fischzucht werden sie nur mit Beifang gefüttert. Sie haben viel Platz zur Verfügung, um optimal wachsen und gedeihen zu können. Was das Küchenteam des Lanserhofs aber am allermeisten schätzt, ist die absolute Frische des Fischs von der Teufelsmühle. Nach der Bestellung holt Volkmar Steger ihn aus dem Teich und liefert noch am selben Tag.

Diese Qualität offenbart sich später den Gästen bereits beim ersten Bissen.

Fisch

Als leichtes, gesundes Essen steht er hoch im Trend und ist auch ein wichtiger Bestandteil der Energy Cuisine: der Fisch.

Fischgerichte punkten durch ihre optimale Nährstoffzusammensetzung, die leichte Verdaulichkeit und ihren geringen Fettanteil im Vergleich zu Fleisch- und Wurstwaren. Was den Nährstoffgehalt anbelangt zählt Fisch zu den wertvollsten Lebensmitteln. Er besteht aus viel gesundem Eiweiß und enthält eine Menge wichtiger Mineralstoffe und Vitamine (Vitamin B12, Vitamin D, Kalium, Zink, Fluor, Jod) sowie die besonders hochwertigen mehrfach ungesättigten Fettsäuren, unter anderem die Omega-3-Fettsäure.

Viele Fischliebhaber assozieren mit Fischgenuss vorwiegend den Verzehr von köstlichen, aber oft gefährdeten Salzwasserfischen. Doch nicht nur im Meer schwimmen schmackhafte Fische. Aus ökologischer Sicht sollten heimische Fische wie Forelle oder Saibling bevorzugt werden. Die Energy Cuisine legt außerdem besonderen Wert darauf, dass der verwendete Fisch aus biologischer Aufzucht stammt.

Hier werden keine chemischen Wachstumsförderer, Hormone, Gentechnik, synthetische Zusatzstoffe oder Spritz- und Düngemittel eingesetzt. Bio-Fische haben viel Platz, um sich zu entfalten, und sie kennen keinen Revierstress. Diese optimalen Bedingungen schlagen sich im Geschmack nieder. Man erkennt Bio-Fisch am außergewöhnlich feinen Geschmack und der festen Fleischkonsistenz.

Beim Kauf von Fisch ist besonders auf dessen Frische zu achten, da er selbst bei korrekter Lagerung leicht verderblich ist. Er sollte im Kühlschrank auf Eis nicht länger als einen Tag gelagert werden. Beachten Sie diese Qualitätsmerkmale beim Kauf von Frischfisch:

	frisch	alt
Augen	prall, klar, durchsichtige Hornhaut	trüb, milchig
Haut	glänzende Farbe, glasklarer Schleim, feste und glatt anliegende Schuppen	stumpfe Farbe, milchiger Schleim, leicht lösliche Schuppen
Kiemen	leuchtend rot, sichtbare Kiemenblättchen	helle und verklebte Kiemenblättchen
Fleisch	fest, elastisch, ein Fingerdruck hinterlässt keine Delle	weich, schlaff, nach Fingerdruck bleibt eine Delle bestehen
Geruch	unauffällig	fischig, sauer

Saiblingsfilet an gedämpftem Gemüse

Zutaten

4 Portionen

4 Saiblingsfilets à 130 g
500 g Gemüse der Saison (Spargel, Karotten, Zucchini, Fenchel etc.)
Zitronensaft
Himalayasalz
frischer weißer Pfeffer
Thymian (1 Zweig)
Olivenöl

Zubereitung

Gemüse waschen, in mundgerechte Stücke schneiden und im Dampfgarer unter Beachtung der Garzeiten der einzelnen Gemüsesorten dämpfen. Die Saiblingsfilets auf der Fleischseite mit Salz und Koriander würzen und in einer beschichteten Pfanne in Olivenöl nur auf der Hautseite scharf anbraten.

Am Herdrand oder bei kleinster Hitze mit dem Thymianzweig ziehen lassen, bis die Filets glasig erscheinen, aber noch nicht ganz durchgebraten sind. Aus der Pfanne nehmen und auf Küchenpapier abtropfen lassen. Das gedämpfte Gemüse mit einem guten kaltgepressten Öl und Salz abschmecken und auf vorgewärmte Teller geben. Die Fischfilets mit der Hautseite nach oben anrichten und mit frischen Kräutern garnieren.

Seezunge mit Zucchini und Chili

Zutaten

4 Portionen

4	Seezungenfilets à 80 g
1 TL	Korianderkörner (grob gemahlen)
500 g	Zucchini
60 g	Schalotten
	Thymian (1 Zweig)
2 EL	Olivenöl
1–2	kleine Chilischoten
	Himalayasalz

Zubereitung

Zucchini waschen, der Länge nach halbieren, mit einem Löffel die Kerne und das weiche Fleisch entfernen und schräg in ca. 5 mm dicke Stücke schneiden. Die Schalotten schälen und würfelig schneiden. Seezungenfilets mit Himalayasalz und Koriander würzen. Auf ein Dampfsieb, das mit Butterpapier belegt ist, legen und ca. 4–5 Minuten bei 80 Grad glasig dämpfen. Währenddessen das Olivenöl in einer Pfanne erwärmen, Schalotten, Chili, Thymian und Zucchini dazugeben, mit 3–4 EL Wasser aufgießen und 2–3 Minuten dünsten. Das Zucchinigemüse auf Tellern anrichten und die glasig pochierten Seezungenfilets draufsetzen.

Mit Safran-Fischsauce (siehe Rezept „Fischsauce" in der Rubrik „Pesto, Dips und Saucen") servieren.

Steinbuttkotelett mit Kürbisnudeln

Zutaten

4 Portionen

Steinbutt:
4 Steinbuttkoteletts à 200 g
Himalayasalz
frischer Pfeffer
2 EL Olivenöl
Rosmarin (ein Zweig)

Kürbisnudeln:
200 g feine Dinkelnudeln
300 g Hokkaido Kürbis
Himalayasalz
Muskatnuss
2 EL Olivenöl
etwas Bärlauch

Zubereitung

Dinkelnudeln im Salzwasser kochen. Kürbis schälen und nudelig schneiden. Die Steinbuttfilets mit Himalayasalz und Pfeffer würzen.

Filets in Olivenöl mit Rosmarin auf beiden Seiten anbraten, aus der Pfanne nehmen, auf einen Teller legen und im Backofen bei 80 Grad ziehen lassen, bis sie glasig sind. Währenddessen die nudelig geschnittenen Kürbisstreifen in Olivenöl mit Salz, Muskatnuss und etwas Wasser kurz dünsten, die gekochten Nudeln dazugeben und mit etwas geschnittenem Bärlauch durchschwenken.

Steinbutt und Kürbisnudeln auf Tellern anrichten und mit Pesto als Sauce (siehe Rubrik „Pesto, Dips und Saucen“) reichen.

Zanderfilet auf Weißkohl und Safran

Zutaten

4 Portionen

Fisch:

4	Zanderfilets à 130 g
1	Knoblauchzehe
	Rosmarin (1 Zweig)
	Korianderkörner oder frischer Blattkoriander
	Himalayasalz

Weißkohl-Safran-Gemüse:

400 g	Weißkohl
120 g	Gemüsewürfel (Karotten, Sellerie, Lauch)
40 g	Schalotten
	Kümmel (gestoßen)
100 ml	Weißwein
250 ml	Gemüsebrühe
	Safranfäden
	Himalayasalz

Zubereitung

Für das Weißkohl-Safran-Gemüse den Weißkohl in ca. 2 cm große Quadrate schneiden. Schalotten schälen und fein schneiden. Karotten, Sellerie und Lauch klein würfeln. Etwas Öl in einem Topf erwärmen und darin die Schalotten hell rösten, Gemüsewürfel und Weißkohl dazugeben und kurz mitrösten, Gewürze beigeben, mit Weißwein ablöschen und etwas einreduzieren lassen. Mit Gemüsebrühe aufgießen und ca. 10 Minuten dünsten.

Die Zanderfilets auf der Fleischseite mit Salz und Koriander würzen. In einer beschichteten Pfanne in Olivenöl mit dem halbierten, ungeschälten Knoblauch auf der Hautseite scharf anbraten.

Am Herdrand oder bei kleinster Hitze mit dem Rosmarinzweig ziehen lassen, bis die Filets glasig erscheinen, aber noch nicht ganz durchgebraten sind. Filets aus der Pfanne nehmen und auf Küchenpapier abtropfen lassen.

Das Gemüse auf vorgewärmte Teller geben, die Filets darauf mit der Hautseite nach oben anrichten und mit frischem Rosmarin garnieren.

Tipp: Herrlich schmeckt das Gericht auch mit ein paar Miesmuscheln und etwas frischem Bärlauch.

Vitamine
Mineralien

Auch wenn sich der tägliche Bedarf mengenmäßig nur im Mikro- bis Milligramm-Bereich bewegt, Spurenelemente, Mineralien und Vitamine sind unverzichtbare Bestandteile unserer Nahrung und unerlässlich für das optimale Funktionieren des Organismus. Sie sind kleine Helfer, sozusagen die Assistenten unseres Körpers, die unterstützend verschiedene Vorgänge beschleunigen oder aktivieren.

Heutzutage wird allerdings beobachtet, dass es mit zunehmender Häufigkeit zu Mangelerscheinungen an einzelnen Vitaminen und Mineralien kommt. Die Ursachen dafür liegen größtenteils in unserer Ernährung. Durch die Überbewirtschaftung der Böden fällt die Nährstoffdichte in den pflanzlichen Nahrungsmitteln immer geringer aus, was auch die Vitalstoffkonzentration in Fisch, Fleisch oder Milchprodukten verringert. Zusätzlich werden durch die intensive industrielle Verarbeitungen der Rohstoffe viele der empfindlichen Nährstoffe zerstört. Das Resultat: Es gelangen oft nicht mehr ausreichend Vitamine und Mineralien in unseren Körper – dabei würden wir sie so dringend brauchen. Unser moderner Lebenswandel, beeinflusst von Zigarettenrauch, Abgasen, Elektrosmog, einem übermäßigen Konsum stark zucker- oder kohlenhydrathaltiger Lebensmittel und einem gestörten Tag-Nacht-Rhythmus, fordert eigentlich eine erhöhte Zufuhr von Vitalstoffen. In der Realität kommt es häufig zu einer verminderten Aufnahme bei vermehrtem Bedarf. Bedenken Sie das bei der Auswahl Ihrer Nahrungsmittel. Legen Sie Wert auf hochwertige Rohstoffe aus biologischer Verarbeitung und berücksichtigen Sie beim Kochen deren Empfindlichkeit, indem Sie sie schonend verarbeiten.

Hier eine kurze Einführung in die wichtigsten Vitamine und Mineralien:

Das bekannteste unter allen Vitaminen ist wohl das Vitamin C, das der Gruppe der Antioxidantien angehört und somit ein wichtiger Helfer unseres Immunsystems ist. Als essenzielle Voraussetzung für die Bildung von Bindegewebe und Knochen und für viele weitere Stoffwechselvorgänge muss Vitamin C täglich in ausreichender Menge zugeführt werden, da es nur sehr kurz gespeichert werden kann. Achten Sie daher darauf, täglich frisches Obst und Gemüse zu essen. Sie sind die größten Lieferanten dieses wichtigen Vitamins.

Ebenso wertvoll ist der Vitamin-B-Komplex, der aus 7 Vitaminen, allesamt wichtige Regulatoren im Kohlenhydrat-, Fett- und Eiweißstoffwechsel, besteht. Sie wirken aktivierend auf den Stoffwechsel, sind unerlässlich für die Blutbildung und für das Immunsystem und unterstützen außerdem die Nerven. Vitamin B6, B9 und B12 schützen vor Gefäßverkalkung. Die B-Vitamine sind reichlich in Vollkornprodukten, Nüssen, Salaten, Milchprodukten, Fleisch und Fisch zu finden.

Zu den lebensnotwendigen Mineralien gehört Zink. Es ist ebenfalls am Kohlenhydrat-, Fett- und Proteinstoffwechsel beteiligt und wichtig für das Zellwachstum und die Produktion unserer Erbsubstanz. Auch das Immunsystem, viele Hormone sowie die Wundheilung funktionieren nicht ohne eine ausreichende Versorgung des Körpers mit Zink, das außerdem Haut, Haare und Nägel stark und widerstandsfähig macht. Essen Sie ausreichend Fleisch, Fisch, Meeresfrüchte, Milch, Vollkornprodukte, Salate und anderes Gemüse, um optimal mit Zink versorgt zu sein.

Auch Magnesium spielt im Körper eine bedeutende Rolle. Gerade für Menschen, die sich viel bewegen, ist ein ausreichender Magnesiumanteil in der Nahrung notwendig. Das Mineral ist an etlichen Enzymreaktionen beteiligt und beeinflusst zudem die Zellmembranen. So stabilisiert es das Ruhepotential von Muskel- und Nervenzellen. Bei Magnesium-Mangel kommt es zu Symptomen wie Ruhelosigkeit, Nervosität, Kopfschmerzen, Konzentrationsmangel, Müdigkeit und Muskelkrämpfe, die vor allem nachts auftreten können. Magnesium ist vermehrt in Getreideprodukten, Nüssen, Gemüse und Milcherzeugnissen zu finden.

Knackig bunt

Satte Farben und ein herrlich frischer Geruch – beim Betreten von Reinhard Larchers Obst- und Gemüseladen in Innsbruck überkommt einen sofort die Lust, in einen saftigen Apfel oder ein tiefrote Tomate zu beißen.

Pflaumen, Artischocken, Ananas, Birnen, Austernpilze, Pak Choi, Fenchel, Rettich und vieles mehr – hier lässt sich fast jede Obst- und Gemüsesorte finden, heimisch wie exotisch. 1976 eröffnete Reinhard Larcher sein Spezialgeschäft und seither punktet er mit bester Qualität. Er verzichtet auf lange Lagerzeiten und verkauft die vorrätige Ware in maximal zwei Tagen.

Diese Frischegarantie und seine große Flexibilität sind auch das Geheimnis der langjährigen Zusammenarbeit mit den Köchen des Lanserhofs.

Gemüse und Obst

Frisch, knackig und hocharomatisch: Sonnengereiftes, biologisches Gemüse und Obst prägen den Geschmack der Energy Cuisine und sind eine wichtige Quelle von Vital-, Ballast- und sekundären Pflanzenstoffen.

Frei von Pestiziden und gentechnischer Veränderung ist Bio-Gemüse und -Obst der Vorzug vor herkömmlich angebauten Produkten zu geben, auch wenn es oft weniger ansprechend für das Auge ist. Die Optik spricht jedoch nicht für die Qualität. Bevorzugen Sie regionale, saisonelle, frische Obst- und Gemüsesorten, idealerweise aus dem eigenen Gemüsegarten oder direkt vom Bauernhof. Ist das nicht möglich, sind Wochen- und Bauernmärkte eine gute Gelegenheit, hochwertige Lebensmittel zu kaufen.

Der optische Eindruck von Obst und Gemüse ist natürlich ein entscheidendes Kaufkriterium. Wir alle bevorzugen Früchte mit einer satten Farbe, einer prallen Oberfläche, einem frischen Geruch und einem appetitlichen Aussehen. Diese Kriterien sprechen oft für die Qualität des Produkts. Lassen Sie sich aber nicht von einem allzu perfekten Äußeren blenden. Besonders Bio-Produkte weisen manchmal kleine Schönheitsfehler auf, viel wichtiger sind hier jedoch die inneren Werte. Die Nahrungsbestandteile Kohlenhydrate, Fette, Proteine, Vitamine- und Mineralstoffe prägen diese innere Wertigkeit der einzelnen Produkte. Bei biologischem Anbau können sie sich besser ausbilden und die verschiedenen Obst- und Gemüsesorten werden hochwertiger und gesünder. Als weitere Inhaltsstoffe bestimmen Zucker, organische Säuren und Aromastoffe den Geschmack und sind somit eine höchst subjektive Sache. Manch einer mag den Apfel eher sauer und knackig, ein anderer liebt süße, saftige Sorten – die Geschmäcker sind wie immer auch hier verschieden.

Gratin aus Auberginen, Zucchini und Tomaten

Zutaten

4 Portionen

400 g Auberginen (ca. 3 Stück)
300 g Zucchini (ca. 3 Stück)
300 g Tomaten (vollreif, geschält, entkernt und gewürfelt)
Olivenöl
Himalayasalz
Basilikum
Thymian
Pfeffer
Knoblauch
Parmesan oder harter Schafkäse (gerieben)

Zubereitung

Auberginen schälen und längs in ca. 4 mm dicke Scheiben schneiden. Zucchini ungeschält waschen und gleichfalls in 4 mm dicke Scheiben schneiden.

Die Gemüsescheiben auf Küchenpapier legen, leicht salzen, 30 Minuten ziehen lassen und anschließend trockentupfen. In einer Pfanne in Olivenöl goldbraun braten, herausnehmen und auf Küchenpapier abtropfen lassen.
2 weitere EL Olivenöl erhitzen, die geschälten, gewürfelten Tomaten dazugeben, mit Himalayasalz, Basilikum, Thymian, Knoblauch und Pfeffer würzen und den Saft einreduzieren lassen. Eine Auflaufform abwechselnd mit den Auberginenscheiben, den Tomatenwürfeln und dem Zucchini auslegen.
Mit dem geriebenen Käse bestreuen und im Backofen bei 160 Grad 25–30 Minuten backen.

Tipp: Servieren Sie dieses mediterrane Gratin zum Beispiel mit Tomatensauce (siehe Rubrik „Pesto, Dips und Saucen"), gedämpftem Fenchel und einigen halbierten Oliven.

Getreidelaibchen auf buntem Gemüseallerlei

Zutaten

4 Portionen

Laibchen:
200 g Getreide (Quinoa, Hirse oder Buchweizen)
120 g Gemüsewürfel (Karotte, Sellerie, Fenchel, Lauch – fein geschnitten)
1 Eidotter
80 g Tofu (passiert)
frische Kräuter nach Belieben
Himalayasalz
Muskatnuss

Gemüse:
500 g gemischtes Gemüse nach Saison (Spargel, Karotten, Fenchel, Paprika, Zucchini usw.)
60 g Frühlingszwiebeln
2 EL frische Kräuter
2 EL kaltgepresstes Öl (Oliven-, Mandel- oder Sesamöl)
Himalayasalz

Zubereitung

Das Getreide, wie beim Dünsten von Reis, in ungefähr der doppelten Menge Flüssigkeit dünsten. Die Gemüsewürfel kurz dämpfen und unter das Getreide mengen, als Bindemittel Ei und Tofu unterrühren. Mit Himalayasalz und frischen Kräutern, z. B. Petersilie, Majoran, Knoblauch oder Thymian, nach Belieben würzen. Zusätzlich kann die Getreidemasse noch mit geriebenem Käse verfeinert werden. Laibchen formen und diese in einer Pfanne mit Olivenöl beidseitig goldbraun braten.

Für das Allerlei das Gemüse waschen und in beliebige Formen schneiden (Blätter, Stifte, Rauten etc.). Im Dampfgarer dämpfen, dabei die Garzeiten der unterschiedlichen Gemüsesorten beachten, und mit Himalayasalz, frischen Kräutern und einem feinen Öl abschmecken. Gemeinsam mit den Getreidelaibchen anrichten.

Tipp: Zu diesem Gericht passt hervorragend eine leichte Basen-Kräuter-Sauce, die Sie in der Rubrik „Pesto, Dips und Saucen" finden.

Kartoffelroulade mit Steinpilzen und Zucchini

Zutaten

4 Portionen

Kartoffelteig:
400 g mehlige Kartoffeln
50 g Maisstärke
1 Eidotter
Himalayasalz
Muskatnuss

Steinpilzfülle:
150 g frische Steinpilze
50 g Schalotten
1 EL frischer Majoran
Himalayasalz

Zucchinigemüse:
400 g Zucchini
2 EL Distelöl
1 TL Bärlauchpesto
Himalayasalz

Zubereitung

Kartoffeln waschen, mit der Schale dämpfen, auskühlen lassen, schälen, passieren und mit den restlichen Zutaten rasch zu einem glatten Teig verarbeiten. Für die Fülle die Schalotten schälen und würfeln und die Steinpilze putzen und fein blättern. Schalotten und Steinpilze in einer Pfanne bei geringer Hitze rösten und mit Himalayasalz und Majoran abschmecken.

Den Kartoffelteig auf der Arbeitsfläche mit einem Nudelholz zu einem ca. 1 cm dicken Rechteck ausrollen, die Fülle darauf verteilen und zu einer Rolle formen. Diese in Klarsichtsfolie einrollen und im Dampfgarer ca. 25 Minuten dämpfen.

In der Zwischenzeit die Zucchini waschen, in gefällige Stücke schneiden und in einer Pfanne mit dem Distelöl, 3 EL Wasser und etwas Himalayasalz andünsten und mit Pesto (siehe Rubrik „Pesto, Dips und Saucen") abschmecken.

Die Roulade in 2 bis 3 cm dicke Scheiben schneiden und mit dem Zucchinigemüse anrichten.

Tipp: Anstelle der Steinpilze kann auch Blattspinat für die Fülle verwendet werden. Eine feine Tomaten- oder Kräutersauce verleiht dem Gericht zusätzliche Würze.

Kürbisrisotto mit Ingwer und Vanille

Zutaten

4 Portionen

500 g	Kürbis (Muskat oder Hokkaido)
50 g	Schalotten
2 EL	Olivenöl
300 g	Risotto- oder runder Vollkornreis
70 ml	Weißwein
1 l	Gemüsebrühe
1/2	Knoblauchzehe
1 TL	Ingwer
1/2	Vanilleschote
3 EL	Arganöl
40 g	Parmesan oder harter Schafkäse (gerieben)
	Himalayasalz
	frischer Pfeffer
	frische Kräuter

Zubereitung

Schalotten schälen und in feine Würfel schneiden. Kürbis schälen, mit einem Löffel die Kerne entfernen und in kleine Würfel schneiden. Olivenöl in einem Topf erwärmen und die Schalotten und Kürbiswürfel darin andünsten. Den Reis hinzufügen, würzen, mit Wein ablöschen und auf die Hälfte reduzieren.

Unter ständigem Rühren immer wieder Brühe angießen und bei kleiner Hitze einkochen lassen, bis die Reiskörner nach ca. 20 Minuten weich, aber noch körnig sind.

Nach ca. 10 Minuten Kochzeit den Knoblauch, Ingwer und die der Länge nach halbierte Vanilleschote zum Reis geben. Die Vanilleschote vor dem Servieren entfernen und das Risotto mit Arganöl und Käse montieren. Wenn nötig mit Pfeffer und Himalayasalz nachwürzen und mit frischen Kräutern bestreuen.

Tipp: Eine besondere Note erhält das Risotto, wenn Sie es zum Schluss mit etwas frisch gemahlener Muskatnuss verfeinern.

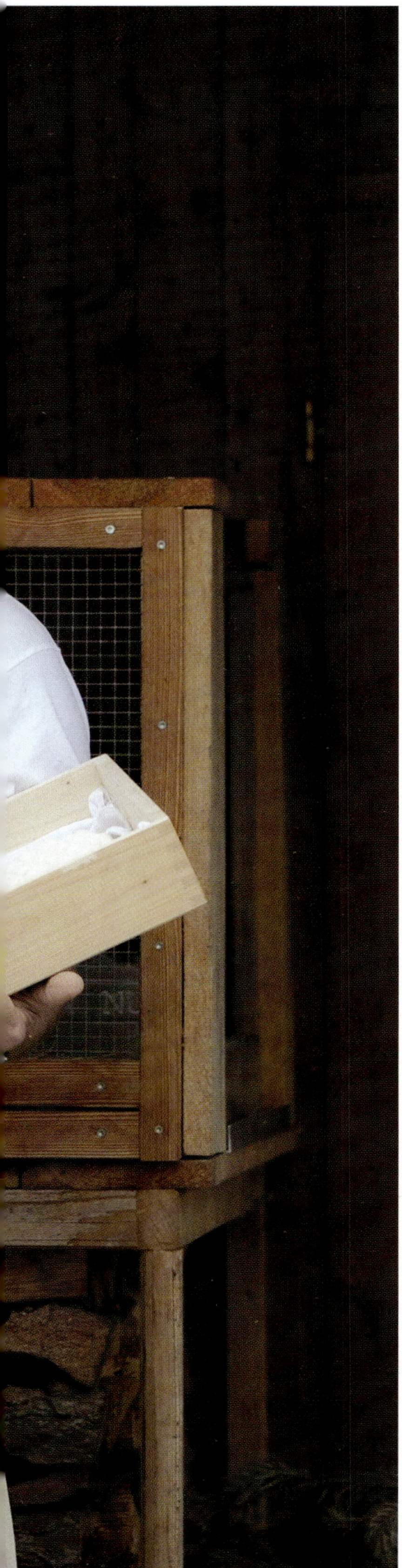

Naturrein

Hoch über dem Inntal, in Kolsassberg, verarbeitet Richard Sölva die Milch seiner glücklichen Schafherde zu Joghurt und Käse. Der bodenständige Quereinsteiger feilt seit 10 Jahren mit Leidenschaft und großer Sorgfalt an den Rezepturen seiner Naturprodukte, die vor allem eines auszeichnet: die außergewöhnliche Qualität und der besondere Heil- und Nährwert des verwendeten Rohstoffs.

Schafmilch ist bekömmlicher als andere Milchsorten und weist einen hohen Gehalt an Vitaminen, Mineralstoffen, Spurenelementen und mehrfach ungesättigten Fettsäuren auf. Bei Einweißunverträglichkeit ist sie eine hervorragende Ernährungsalternative. Doch nicht nur die gesundheitsfördernde Wirkung seiner Erzeugnissen macht Richard Sölva zu einem geschätzten Partner des Lanserhofs. Sein Hauptaugenmerk legt er auf die hundertprozentige Frische und nachvollziehbare Authentizität seiner Produkte. Geben die Schafe im Winter weniger Milch, gibt es eben auch weniger Joghurt und Käse.

Diese Geradlinigkeit von Richard Sölva selbst spiegelt sich erfolgreich in den Naturprodukten vom Kolsassberg wider.

Fleisch

Seit Anbeginn der Menschheit stellt Fleisch einen wesentlichen Bestandteil der Nahrung dar und leistet auf Grund seines hohen Anteils an wertvollen Proteinen, Eisen und B-Vitaminen auch heute noch einen wichtigen Beitrag zu einer gesunden Ernährung. Wie bei allen Nahrungsquellen sollte auch beim Fleisch unbedingt auf eine biologische Herkunft geachtet werden. Massentierhaltung mit minderwertigem Futter, dem häufig noch Antibiotika und Hormone beigemengt werden, führt nicht nur zu einer weitaus geringeren Nährstoffdichte. Beim Verzehr von so produziertem Fleisch kommt es auch zur Zufuhr schädlicher, teilweise sogar toxischer Inhaltsstoffe, die den Stoffwechsel und Hormonhaushalt massiv beeinträchtigen können. Ein natürlich lebendes Tier wird mit hochwertigem Futter ernährt, bekommt viel Bewegung und führt ein stressfreies Dasein. Dies führt wiederum zu Fleisch bester Qualität mit einer hohen biologischen Wertigkeit. Bio-Fleisch gibt uns Kraft und Substanz und ist einfach schmackhafter. Wählt man darüber hinaus noch einen Produzenten, den man kennt, kann man absolut sicher sein, hochwertigste Nahrungsmittel zu erhalten.

Besonders rotes Fleisch enthält jedoch auch hohe Anteile an Harnsäure, weshalb der Konsum nicht uneingeschränkt erfolgen sollte. 2–3 Fleischgerichte in der Woche reichen aus, um den Körper mit allen notwendigen Nährstoffen zu versorgen. Bevorzugen Sie Geflügel wie Huhn oder Truthahn, Kalbfleisch sowie Rind oder Wild. Vor allem Kalbfleisch und Geflügel sind nicht nur kalorienarme und bekömmliche, sondern auch ernährungsphysiologisch sehr wertvolle Fleischarten. Achten Sie grundsätzlich auf einen geringen Fettanteil und bereiten Sie das Fleisch schonend zu.

Qualitätsmerkmale beim Kauf von Fleisch sind vor allem dessen Farbe und Struktur. Lamm, Rind und Kalb sollten eine hell- bis tiefrote Farbe, von der sich das weiße Fett deutlich abhebt, aufweisen. Dabei ist zu beachten, dass bei jungen Tieren die Fleischfarbe generell heller als bei älteren ist. Die Fleischstruktur wird maßgeblich von der Dicke der Muskelfasern bestimmt. Hier spielen ebenfalls das Alter, aber auch das Geschlecht des Tieres entscheidende Rollen. Das Fleisch von jungen Tieren ist feinfasriger und daher zarter.

Hirschkalbsrücken an Schoten, Birnen und Kastanien

Zutaten

4 Portionen

600 g	Hirschkalbsrücken ohne Sehnen und Knochen
	Thymian (2 Zweige)
	frisch gestoßener Pfeffer
	Öl zum Braten
1	Williamsbirne
20	Kastanien
300 g	Erbsenschoten
2 EL	Distelöl
	Himalayasalz
40 g	Schalotten
125 ml	Rotwein
250 ml	Gemüsejus
	Rosmarin (1 Zweig)

Zubereitung

Hirschrücken von den Sehnen befreien und mit Himalayasalz, Pfeffer und Thymian würzen. In einer Pfanne etwas Öl erwärmen und darin den Hirschrücken auf allen Seiten anbraten. Das Fleisch anschließend auf einem Rost im Backofen bei 110 Grad ca. 40 Minuten garen. Die ideale Kerntemperatur beträgt 55–65 Grad. Braten danach 5 Minuten im offenen Backrohr ruhen lassen.

Für die Sauce den Gemüsejus laut Rezept in der Rubrik „Pesto, Dips und Saucen" zubereiten. Schalotten schälen und fein schneiden, mit 1 EL Öl andünsten, mit Rotwein ablöschen, den Rosmarinzweig dazugeben und die Flüssigkeit auf die Hälfte einreduzieren lassen. Dann mit Gemüsejus aufgießen und nochmals einreduzieren, bis die Sauce einen guten Geschmack hat. Mit Salz und Pfeffer abschmecken.

Die Kastanien einschneiden, im Maronibrater braten und schälen. Die Birne schälen, Kerngehäuse entfernen, in Spalten schneiden und mit 3 EL Wasser und etwas Thymian dünsten. Erbsenschoten im Dampfgarer dämpfen, mit Himalayasalz und Distelöl abschmecken.

Fleisch, Sauce und Beilagen appetitlich auf Tellern anrichten und heiß servieren.

Lammkrone auf Bohnen-Mango-Gemüse

Zutaten

4 Portionen

Lamm und Gemüse:

600 g	Lammkrone
	Himalayasalz
	schwarzer Pfeffer
	Rosmarin (1 Zweig)
400 g	Stangenbohnen
1	Mango
	Olivenöl zum Braten

Mandelschaum:

20 g	Schalotten
1 EL	Olivenöl
40 g	Mandeln (ganz und geschält)
250 ml	Gemüsebrühe

Zubereitung

Die Lammkrone von Sehnen befreien und mit Himalayasalz und Pfeffer würzen. Öl in einer Pfanne erwärmen und das Fleisch mit dem Rosmarinzweig auf allen Seiten anbraten. Aus der Pfanne nehmen und auf einem Rost im vorgeheizten Backofen bei 120 Grad ca. 20 Minuten garen.

Für den Mandelschaum die Schalotten schälen, fein würfelig schneiden und in einem kleinen Topf hell in Öl andünsten. Die Mandeln beigeben und mit Gemüsebrühe aufgießen. 5 Minuten leicht köcheln lassen und anschließend im Mixer zu einer feinen Sauce pürieren. Mit Himalayasalz abschmecken.

Zur Zubereitung des Bohnen-Mango-Gemüses die Bohnen waschen und putzen und im Dampfgarer bissfest dämpfen. Mango schälen, vom Kern lösen und in mundgerechte Stücke schneiden. Gedämpfte Bohnen und Mangostücke in einer Pfanne mit etwas Distelöl sautieren und mit Himalayasalz abschmecken.

Das Lamm portionieren, mit dem Gemüse und der Sauce auf warmen Tellern anrichten und sofort servieren.

Steak vom Bergrind mit Selleriepüree

Zutaten

4 Portionen

Fleisch:

4	Steaks vom Bergrind (Rinderlungenbraten à 150 g)
40 g	Schalotten
1/8 l	Rotwein (Barolo)
200 ml	Gemüsejus
2–3 EL	Nussöl
1 EL	Butter
	Himalayasalz
	Pfeffer aus der Mühle
	Rosmarin oder Thymian (1 Zweig)
	Olivenöl

Püree:

350 g	Knollensellerie
	Himalayasalz
	Muskatnuss

Zubereitung

Gemüsejus laut Rezept in der Rubrik „Pesto, Dips und Saucen" vorbereiten.

Für das Püree die Sellerieknollen schälen, in 2 cm große Würfel schneiden und im Dampfgarer ca. 10 Minuten weichdämpfen. Den gedämpften Sellerie in der Küchenmaschine oder mit einem Pürierstab mit den restlichen Zutaten zu einem feinen Püree mixen. Mit Salz und Muskatnuss abschmecken.

Die Steaks auf beiden Seiten mit Salz und Pfeffer würzen. Öl in einer Pfanne erhitzen, das Fleisch beidseitig 3–4 Minuten anbraten, Rosmarin dazugeben und anschließend im vorgeheizten Backofen ca. 15 Minuten bei 120 Grad Heißluft garen. Die ideale Kerntemperatur der Steaks beträgt ca. 56 Grad.

Schalotten fein schneiden, das Bratenfett aus der Pfanne abgießen und die Schalotten darin glasig braten. Mit Rotwein ablöschen und auf die Hälfte einreduzieren lassen. Gemüsejus dazugeben und nochmals einreduzieren, bis die Sauce einen kräftigen Geschmack hat.

Vor dem Servieren das Nussöl und die kalte Butter einrühren, aber nicht mehr aufkochen. Die Steaks auf vorgewärmten Tellern mit dem Selleriepüree anrichten und mit der Rotweinsauce nappieren.

Tipp: Bereiten Sie dieses Gericht anstatt mit Rind auch einmal mit einem leckeren Hirsch-, Lamm- oder Rehrücken zu.

Kalbsmedaillons mit Pilzen und Maismousseline

Zutaten

4 Portionen

Fleisch:

8	Kalbsmedaillons (à 70 g)
	Rosmarin (1 Zweig)
200 g	Pilze (Eierschwammerl oder Steinpilze)
40 g	Schalotten
1 EL	Balsamessig
200 ml	Gemüsejus
	Himalayasalz
	frischer Pfeffer
	Olivenöl
2 EL	Basilikum

Maismousseline:

250 ml	Wasser
30 g	Butter oder Olivenöl
	Himalayasalz
	Muskatnuss
70 g	Maisgrieß
2 EL	Sahne (geschlagen)

Zubereitung

Gemüsejus laut Rezept in der Rubrik „Pesto, Dips und Saucen" vorbereiten.

Die geputzten und gewaschenen Pilze in mundgerechte Stücke schneiden. Kalbsmedaillons mit Salz, Pfeffer und Rosmarin würzen. Olivenöl in einer Pfanne leicht erhitzen und die Kalbsfilets darin beidseitig 2–3 Minuten anbraten. Die Steaks aus der Pfanne nehmen und im Backofen auf einem Rost bei 120 Grad ca. 15 Minuten garen.

In der noch heißen Pfanne die Schalotten und Pilze bei mäßiger Hitze braten, mit Balsamessig ablöschen und mit Gemüsejus aufgießen. Frisch geschnittenes Basilikum hinzufügen und eventuell mit Butterflocken montieren.

Für die Maismousseline das Wasser in einer Kasserolle gemeinsam mit Butter und Salz aufkochen. Maisgrieß einrieseln und ca. 10 Minuten köcheln lassen, bis er aufquillt und schön cremig geworden ist. Geschlagene Sahne einrühren und mit geriebener Muskatnuss abschmecken.

Fleisch, Pilze und Mousseline auf warmen Tellern anrichten und mit frischem Basilikum garnieren.

Tipp: Zu diesem Gericht passt frisches, gedämpftes Gemüse oder ein knackiger Blattsalat.

Gefüllte Truthahnröllchen mit Gemüseratatouille

Zutaten

4 Portionen

Putenröllchen:

4	Putenschnitzel (Brust) à 120 g
100 g	Mozzarella
100 g	Blattspinat
50 g	Jungzwiebeln
30 g	Putenschinken
1 EL	Basilikumpesto oder frisches Basilikum
1 EL	Olivenöl
	Himalayasalz
	frisch gemahlener Pfeffer

Ratatouille:

100 g	Zucchini
100 g	Auberginen
100 g	Kirschtomaten
80 g	Paprika rot
50 g	Petersilienwurzel
50 g	Champignons
40 g	Schalotten
2 EL	Olivenöl
	Himalayasalz
	Thymian (ca. 1 Zweig)
	Knoblauch (ca. 1 Zehe)

Zubereitung

Blattspinat waschen und von den Stielen befreien, Jungzwiebeln putzen und in feine Ringe schneiden.

Mozzarella und Putenschinken klein würfeln. Blattspinat und Zwiebelringe kurz mit kochendem Salzwasser überbrühen und anschließend unter fließendem kalten Wasser abkühlen. Gut in einem Sieb ausdrücken, mit den Mozzarella- und Schinkenwürfeln mischen und mit Salz, Pfeffer und Pesto würzen.

Die Putenschnitzel dünn plattieren, mit der Fülle bestreichen, zu Rollen formen und diese mit Himalayasalz und Pfeffer würzen. Die Putenröllchen in einer beschichteten Pfanne im Olivenöl von allen Seiten goldbraun anbraten und im Backofen bei 120 Grad ca. 15 Minuten garen.

Für das Ratatouille Auberginen, Petersilienwurzel, Paprika und Schalotten schälen. Champignons, Kirschtomaten und Schalotten vierteln, den Paprika in Rauten schneiden, Zucchini und Auberginen längs in ca. 5 mm dicke Scheiben und anschließend ebenfalls in Rauten schneiden. Das geschnittene Gemüse, außer die Tomaten, in einem Topf mit Olivenöl, Knoblauch und Thymian bei mittlerer Hitze braten, bis es fast weich ist. Eventuell etwas Wasser zugießen. Tomaten beigeben, mit Salz abschmecken und nochmals 2 Minuten schmoren.

Die Putenröllchen in ca. 2 cm dicke Scheiben schneiden, mit dem Ratatouille anrichten und mit Thymianzweigen oder Basilikum garnieren.

Süßer Abschluss

Echte Schleckermäuler sind sich einig, nur ein süßes Gericht beschließt die Mahlzeit wirklich. Sie fragen sich bestimmt: „Schließen sich Energy Cuisine und Süßes aus? Darf ich eine Nachspeise genießen oder mache ich damit sämtliche Bemühungen zunichte, mich gesund zu ernähren?" Ohne Zweifel gibt es viele Möglichkeiten, beim Dessert die vorher zugeführten Kalorien mit wenigen Bissen zu multiplizieren. Wenn Sie allerdings auf die richtige Auswahl der Nahrungsmittel achten, lassen sich herrliche Süßigkeiten zaubern, die Sie, in Maßen genossen, vitalisieren werden. Lassen Sie sich diese kleinen Naschereien ruhig schmecken – ohne schlechtes Gewissen, ganz genüsslich.

Bitterschokoladenterrine

Zutaten

Masse für eine Terrinenform (ca. 750 ml)

250 g	Zartbitterschokolade mit ca. 66% Kakao
1 EL	neutrales Öl oder Schwarzkümmelöl
2 cl	Rum
2 cl	Cognac
250 ml	geschlagene Sahne oder Sojasahne
3	Eiweiß
20 g	Braunzucker
100 g	Rohmarzipan zum Auslegen der Terrinenform

Zubereitung

Marzipan mit einem Rollholz so dünn wie möglich ausrollen und eine Terrinenform zuerst mit Klarsichtfolie und anschließend mit dem Marzipan auslegen.

Zartbitterschokolade mit Öl in einer Schüssel im Wasserbad bei ca. 30 Grad zergehen lassen. Die aufgeschlagene Sahne und das aufgeschlagene Eiweiß mit Zucker, Rum und Cognac abwechselnd der auf Zimmertemperatur abgekühlten, zerlassenen Schokolade unterheben. Die Schokomasse einfüllen, mit Marzipan ummanteln und die Form in den Tiefkühler stellen. Nach ca. 5–6 Stunden ist die Terrine servierbereit.

Tipp: Gewürze wie Ingwer, Chili und roter Pfeffer oder Trockenfrüchte wie Datteln, Ananas und frische Pfefferminze geben der Schokoterrine eine besondere Note. Servieren Sie das Dessert mit einer Garnitur aus frischen Beeren oder anderen Früchten.

Café-Amaretto-Espuma mit Nusszwieback

Zutaten

4 Portionen

Espuma:
150 ml Sojamilch
20 ml Amaretto
40 g Ahornsirup
2 Blatt Gelatine oder
1 TL Agar-Agar
80 ml Sahne
1 EL Malzkaffee

Nusszwieback (1 Kastenform):
4 Eiweiß
140 g Braunzucker
140 g Weizenmehl griffig oder Dinkelmehl
300 g gemischte Nüsse (Walnüsse, Haselnüsse, Mandeln, Pinienkerne)
2–3 EL Mandellikör
1 Prise Salz
1 Prise Zimt

Zubereitung

Für den Zwieback Eiweiß mit Braunzucker aufschlagen. Langsam das Mehl unterheben, die Nüsse vorsichtig einrühren und mit Mandellikör verfeinern. In eine Latexform füllen und bei 175 Grad Heißluft ca. 50 Minuten backen.

Nach dem Backen den warmen Zwieback sofort in eine Folie hüllen und auskühlen lassen. Wenn er ausgekühlt ist, mit einer Aufschnittmaschine 2–3 mm dünn aufschneiden, die Schnitten auf ein Backblech mit Backpapier legen und bei 170 Grad Heißluft noch einmal goldbraun backen.

Zur Zubereitung des Espumas die Gelatine in kaltem Wasser 10 Minuten einweichen. Sojamilch mit Ahornsirup und Malzkaffee auf ca. 60 Grad erwärmen, Gelatine hinzufügen, umrühren und auskühlen lassen.

Wenn die Kaffeemilch ausgekühlt ist, flüssige Sahne und Amaretto beifügen, alles in eine Isi-Flasche (500 ml) füllen und diese mit 2 Isi-Patronen versehen. Die Flasche mit dem Kopf nach unten im Kühlschrank 2 Stunden kalt stellen. Vor dem Gebrauch gut schütteln und das Espuma in Gläser füllen. Mit dem Nusszwieback servieren.

Tipp: Backen Sie den Zwieback am besten am Vortag. Es ist wichtig, dass er vollständig ausgekühlt ist, wenn er aufgeschnitten wird.

Carpaccio von Vanillekakis mit Limetten-Birnen-Sorbet

Zutaten

4 Portionen

Carpaccio:
2–3 Vanillekakis
1 EL Pinienkerne
2 EL Honig
2 frische Feigen
frische Minze
Pinienkerne

Sorbet:
300 g Birnen (süß und gut gereift)
Saft von 3 Limetten
80 ml Mineralwasser
60 g Agavensirup
Williamsschnaps

Limetten-Honig-Dressing:
3 EL Limettensaft
1–2 EL Honig

Zubereitung

Für das Sorbet Wasser und Agavensirup aufkochen und abkühlen lassen. Birnen schälen, vierteln, entkernen, 5 Minuten dämpfen und mit Zitronensaft und Zuckerwasser pürieren. Einige Spritzer Schnaps unterrühren. Birnenpüree im Kühlschrank oder im Tiefkühler vorkühlen, in eine Sorbetmaschine gießen und gefrieren lassen. Die Gefrierzeit beträgt 20–25 Minuten.

Währenddessen die Kakis schälen und in dünne Scheiben schneiden und die Feigen halbieren. Früchte auf Tellern auflegen und mit Limetten-Honig-Dressing beträufeln. Pinienkerne darüberstreuen, mit frischer Minze garnieren und mit dem Limetten-Birnen-Sorbet servieren.

Tipp: Dieses Dessert kann auch mit anderen Früchten zubereitet werden. Sehr lecker schmecken Kiwis, Bananen, Erdbeeren, Marillen und Pfirsiche.

Mangogelée mit luftiger Topfencreme

Zutaten

4 Portionen

Mangogelée:
250 g Mangomus
2 g Agar-Agar-Pulver
1 EL Limettensaft
1 EL Agavensirup

Topfencreme:
250 g Topfen
100 ml Sahne
2–3 Gelatineblätter
3 Eiweiß
3 EL Agavensirup oder Zucker
2 unbehandelte Limetten
1 Vanilleschote
1 Prise Salz

Zubereitung

Mangomus mit Agavensirup aufkochen, das Agar-Agar-Pulver einrühren, nochmals kurz aufkochen lassen und zum Schluss den Limettensaft einrühren. Ein kleines Blech mit Frischhaltefolie auslegen und ca. 1 cm hoch mit dem Gelée ausgießen. Kühl stellen und abstocken lassen. Nach dem Abstocken in Würfel schneiden.

Für die Creme den Topfen mit dem Mark der Vanillestange, einer Prise Salz und Saft und Schale der unbehandelten Limetten verrühren. Gelatineblätter 10 Minuten in kaltem Wasser einweichen. Die Sahne aufschlagen und das Eiweiß mit dem Zucker zu Eischnee verarbeiten. Die tropfnasse Gelatine in einem kleinen Topf leicht erwärmen und mit der geschlagenen Sahne und dem Eischnee unter die Topfenmasse heben. Die Creme ca. 3 cm hoch in eine flache Auflaufform einfüllen und im Kühlschrank 2–3 Stunden abstocken lassen.

Zum Servieren mit einem Esslöffel Nockerl aus der Topfencreme ausstechen und mit den Mangowürfeln anrichten. Mit Minze und frischer Vanille garnieren.

Nektarinentörtchen mit Lavendelgelée

Zutaten

4 Portionen

Nektarinencreme:
400 g Nektarinen
2 Gelatineblätter
80 g Sahne oder Schafjoghurt
Agavensirup
1 EL Limettensaft
frische Vanille

Lavendelgelée:
150 g Nektarinenmus
Zitronensaft
Lavendelöl oder frische Lavendelblüten
1/4 TL Agar-Agar

Zubereitung

Vollwertbiskuit laut Rezept in der Rubrik „Grundrezepte" vorbereiten.

Nektarinen schälen, entkernen und ca. 5 Minuten dämpfen. Die Früchte anschließend mit frischem Vanillemark und Limettensaft pürieren und durch ein feines Sieb streichen. Gelatine 5 Minuten in kaltem Wasser einweichen, herausnehmen und unter 200 g des noch warmen Fruchtmuses rühren. Auskühlen lassen und kurz vor dem Stocken das Schafjoghurt oder die geschlagene Sahne unterheben. Vollwertbiskuit mit einem Ring-Ausstecher ausstechen und kleine Ringformen damit auslegen. Die Nektarinencreme ca. 2 cm hoch darauf einfüllen.

Für das Lavendelgelée die restlichen 150 g des Nektarinenmuses mit Zitronensaft und Lavendelöl abschmecken, erwärmen, Agar-Agar einrühren und kurz kochen. Abkühlen lassen und vor dem Stocken des Gelées die Törtchen dünn damit bedecken. Anschließend kalt stellen.

Zum Servieren die Törtchen aus den Formen nehmen und mit frischen Lavendelblüten, Nektarinenspalten oder Bitterschokoladen-Dekor garnieren.

Versuchung
Am Nachmittag

Mitten am Nachmittag, so gegen 3 Uhr, erreicht der Biorhythmus des Menschen einen Tiefpunkt. Unsere Energiereserven sind erschöpft, die Motivation sinkt und oft kommt etwas Müdigkeit auf. Als Energieschub gönnen wir uns gerne ein Tasse Kaffee und dazu ein Stück Kuchen.

Folgendes passiert dabei in unserem Körper: Der süße Zucker schießt ins Blut und führt zu einer starken Insulinausschüttung. Dieses Insulin wiederum ist nun bemüht, die durch den Kuchen und den Kaffee aufgenommenen Zucker und Fette möglichst schnell aus dem Blut zu verbannen. Rasch werden alle Fettzellen geöffnet und mit diesen wertvollen Rohstoffen angefüllt. Die Auswirkungen davon können wir uns vorstellen.

Auch wenn es schwer fällt: Versuchen Sie, den Nachmittagskuchen auf den Sonntag zu beschränken. Ihr Stoffwechsel und Ihr Bauchumfang werden es Ihnen danken. Möchten Sie dennoch nicht auf eine süße Versuchung verzichten, bemühen Sie sich, diese in Form einer Nachspeise nach dem Mittagessen zu sich zu nehmen. So verläuft der Zuckeranstieg weniger stark und es wird nicht so viel Insulin ausgeschüttet.

Tipp: Wenn Sie regelmäßig zwischen Ihren Hauptmahlzeiten starken Heißhunger auf Süßes verspüren, dann überdenken Sie doch einmal die davor eingenommene Mahlzeit. Vielleicht fehlen Ihnen wertvolle langkettige Kohlenhydrate, die Ihnen Energie für einen längeren Zeitabschnitt bereitstellen können. Versuchen Sie in diesem Fall, mehr Gemüse, Obst und Vollkornprodukte zu essen. Sie werden überrascht sein, wie schnell sich die Heißhungerattacken verflüchtigen.

Buchweizenkuchen mit Apfelcreme

Zutaten

20 Portionen
(1 normales Haushaltsblech)

125 g	Honig
6	Dotter
250 g	Butter oder pflanzliche Margarine
250 g	Buchweizenmehl
250 g	geriebene Haselnüsse
	Zimt
	frische Vanille
10 g	Weinsteinbackpulver
3 Stk.	geriebene Äpfel (z.B. Boskop)
5	ganze Äpfel für die Creme
6	Eiklar
125 g	Braunzucker
	Preiselbeermarmelade
	Agavensirup

Zubereitung

Butter, Honig und Dotter schaumig rühren. Buchweizenmehl, Haselnüsse, etwas Zimt und Vanille, die geriebenen Äpfel und das Backpulver unterheben. Das Eiweiß mit Braunzucker steifschlagen und ebenfalls unter die Masse heben. Die Masse auf ein Blech mit Backpapier streichen und bei 160 Grad Heißluft ca. 35 Minuten backen. Für die Apfelcreme die 5 Äpfel schälen, entkernen, dünsten und pürieren. Die ausgekühlte Creme mit Zimt und Agavensirup abschmecken.

Den fertig gebackenen Kuchen, wenn er ausgekühlt ist, mit Preiselbeeren bestreichen und mit der Apfelcreme servieren.

Karottenkuchen mit Orangen-Ingwer-Röster

Zutaten

1 Tortenform

Kuchen:

5	Dotter
80 g	Honig
4 EL	heißes Wasser
300 g	Karotten (fein geraspelt)
250 g	Haselnüsse oder Mandeln (gerieben)
70 g	Semmelbrösel
1/2 TL	Zimt
5	Eiklar
80 g	Braunzucker
1/2 TL	Weinsteinbackpulver
1 EL	Rum
	Vanille
	Zitronenschale
25 g	Mandelblätter

Röster:

6	Blutorangen
2	Äpfel
1 TL	Ingwer (gehackt)
2 EL	Agavensirup
125 ml	frischer Orangensaft
1 TL	Maizena

Zubereitung

Eidotter mit Honig und heißem Wasser über Dampf schaumig rühren. Eiweiß mit Braunzucker steifschlagen. Der Dottermasse die geraspelten Karotten, Nüsse, Brösel, Weinsteinbackpulver und Aromen abwechselnd mit dem Eischnee unterheben. Die Masse auf einem Blech mit Backpapier verteilen oder in Muffinformen füllen und mit Mandelblättern bestreuen. Bei 160 Grad ca. 30–40 Minuten backen. Bei Verwendung einer Muffinform die Küchlein nach dem Backen aus der Form stürzen. Auskühlen lassen.

Für den Orangen-Ingwer-Röster Blutorangen filetieren, Äpfel schälen, das Kerngehäuse entfernen, in Spalten schneiden und das Obst mit den restlichen Zutaten einmal aufkochen. Maizena mit 2 EL kaltem Wasser verrühren und den Röster damit abbinden. In Schüsseln füllen und auskühlen lassen.

Kuchen portionieren und mit dem Röster servieren.

Dinkel-Früchtebrot

Zutaten

Fruchtmasse:
750 g geraspelte Boskop-Äpfel
150 g Rosinen
160 g Trockenfeigen (geschnitten)
je 75 g gehackte Walnüsse und Mandeln
2 EL gehackte Aranzini
100 g Rohzucker
1 TL Zimt
1 Prise Nelkenpulver
3 EL Rum 80%

Brotmasse:
500 g Dinkelvollmehl (frisch gemahlen)
15 g Weinsteinbackpulver
1 Ei
1 TL Salz

Zubereitung

Zutaten der Fruchtmasse mischen und für mehrere Stunden zugedeckt ziehen lassen. Restliche Zutaten (Brotmasse) unter die Fruchtmasse mengen und kurz durchkneten. Den Teig in 2 Kastenformen füllen und bei 175 Grad Heißluft ca. 50 Minuten backen.

Ruhe und Genuss

Unsere Gesellschaft erweckt den Eindruck, als wäre die Zeit ein rares Gut. Jeder will sie, keiner hat sie, oft wollen wir sie uns nicht nehmen – vor allem für regelmäßige Mahlzeiten. In der Früh muss alles schnell gehen. Das Frühstück wird häufig im Stehen oder gar Gehen eingenommen, coffee to go ist bereits eine Normalität geworden. Mittags ist die Pause meistens recht kurz – das Sandwich vor dem Computer muss reichen – und abends sind wir oft durch den Fernseher stark davon abgelenkt, was wir eigentlich essen.

Erkennen Sie sich wieder? Das ist schade, denn wie wir essen, ist oft noch viel entscheidender, als was wir essen. Die häufig gestellte Frage, warum die Südländer gesünder leben als wir Mitteleuropäer, obwohl sie doch spät abends noch regelmäßig eine Hauptmahlzeit einnehmen, lässt sich einfach beantworten: Sie essen langsamer, genussvoller und in angenehmer Gesellschaft. In vielen Kulturen ist das Essen nicht bloße Nahrungsaufnahme, sondern ein wichtiger Punkt im Tagesablauf, dem viel Aufmerksamkeit gewidmet wird.

Seien wir ehrlich, sich den Luxus zu gönnen, sich in Ruhe hinzusetzen, erst einmal tief durchzuatmen und anschließend mit Genuss und Wertschätzung seine Mahlzeit zu sich zu nehmen bedeutet nur einen geringen zeitlichen Mehraufwand. Schenken Sie sich und Ihrem Körper diese wenigen, aber wichtigen Augenblicke des Tages. Kauen Sie langsam und ausreichend lange, vermischen Sie die Nahrung vor dem Schlucken gut mit Speichel und nehmen Sie bewusst wahr, was Sie essen.

Energy Cuisine

Am Abend

Im Laufe der Zeit hat sich bei vielen von uns das Abendessen zur Hauptmahlzeit entwickelt. Aus sozialen Gründen bietet es sich dafür auch perfekt an: Die Arbeit ist getan, man kommt nach Hause und setzt sich mit Familie und Freunden an einen Tisch. Endlich kann man sich in Ruhe von den Strapazen des Tages erholen und sich mit einem reichlichen Mahl belohnen. Auch ein Großteil der Geschäftsessen findet in den Abendstunden statt. Große Mengen schweren Essens, zu viel Fett, Zucker und Alkohol werden jetzt konsumiert.

Wenn wir wieder einen Blick auf unseren Stoffwechsel werfen, erkennen wir schnell, dass abends eigentlich der denkbar ungünstigste Zeitpunkt für eine derartige verdauungstechnische Höchstleistung ist. Unser Metabolismus hat sich bereits zur Ruhe begeben, er sieht keinen Grund, jetzt noch viel Energie aufzunehmen. Das Resultat sind große Mengen an Speisebrei, die in unserem Darm liegen bleiben und nicht verdaut werden wollen. Was jetzt im Darm passiert, ist nichts anderes als das, was auch außerhalb des Körpers mit Nahrung geschehen würde, wenn sie bei 37 Grad gelagert wird. Es kommt zu Gärung und Fäulnis, zahlreiche Stoffwechselgifte entstehen, führen zu Blähungen, gestörter Muskeltätigkeit und einer Schädigung der Darmwand. Als Folge entwickeln sich oft Nahrungsmittelunverträglichkeiten, die die Verdauung dann auch zu ihren Hochleistungszeiten behindern. Aufgenommene Nährstoffe werden, da zu diesem Zeitpunkt keine Energie mehr benötigt wird, am Abend direkt in Fett umgewandelt und gespeichert. Auch die Leber muss eine Nachtschicht einlegen und beschert uns dadurch einen unruhigen Schlaf.

Das Abendessen ist die Mahlzeit, die am meisten für unseren Gesundheitszustand verantwortlich ist. Sowohl Verdauungsstörungen als auch Übergewicht finden ihren Ursprung meist in groben Ernährungsfehlern am Abend. Eine realistische Betrachtung unseres Nährstoffbedarfs führt zu dem Schluss, dass wir problemlos ohne Abendessen auskommen könnten.

Für alle, die trotzdem nicht auf ihre Abendmahlzeit verzichten wollen oder können, ist es ratsam, sich auf eine kleine, möglichst frühe Eiweißmahlzeit zu beschränken. Kleine Portionen einer schmackhaften Basensuppe, in die etwas gebratener Fisch eingelegt wird, sowie geschmorte und gedämpfte Fischgerichte mit Gemüse eignen sich gut für den Abend. Selbstverständlich kann das Abendessen auch vegetarisch gehalten werden. Bereiten Sie sich zum Beispiel einfach gedämpftes, buntes Gemüse, das Sie mit geschmacklich feinen Ölen aufwerten, zu. Ein gesunder und erholsamer Schlaf wird die Belohnung sein.

Als Regel gilt, unbedingt auf kohlenhydratlastige Kost zu verzichten. Die zugeführte Energie wird nur schlecht verdaut und wenn resorbiert, dann sofort in Fett umgewandelt. Auch Salate, Rohkost und Obst können zu diesem Zeitpunkt nicht mehr ausreichend gut verwertet werden. „Das Abendessen überlasse deinem Feind", lautet ein chinesisches Sprichwort. Im Sinne einer Gesunderhaltung des Verdauungstraktes und eines stabilen Körpergewichtes sollten Sie, wann immer möglich, auf das Abendessen verzichten. Sind Sie aus beruflichen Gründen zu häufigen geschäftlichen Essen am Abend gezwungen, so versuchen Sie Vor- und Nachspeise und einen Großteil der Beilagen wegzulassen und das Weinglas nur einmal einzuschenken.

Im folgenden Teil finden Sie einige Rezeptvorschläge für ein leichtes, gesundes Abendessen, das sich nicht negativ auf Ihr Gewicht und Ihre Schlafqualität auswirkt. Selbstverständlich eignen sich auch viele der in diesem Buch vorgestellten Mittagsgerichte als Abendmahlzeit. Achten Sie aber in jedem Fall darauf, sich zu dieser Tageszeit eiweißreich und kohlenhydratarm zu ernähren.

Eiweiß

Der wichtigste Baustoff unseres Körpers ist das Eiweiß, welches aus 20 verschiedenen Aminosäuren aufgebaut ist. Diese werden von unserem gesamten Organismus zum Aufbau seiner Strukturen benötigt. Ob Muskulatur, Bindegewebe, Haut, Blut oder Hormone, Eiweiß ist stets die Grundsubstanz. Es ist liegt daher nahe, dass die Qualität des Proteins, das wir zu uns nehmen, einen sehr wichtigen Stellenwert einnimmt.

Diese Qualität wird durch die sogenannte biologische Wertigkeit dargestellt. Je höher diese ist, desto ähnlicher ist das Eiweiß dem menschlichen und desto weniger davon benötigt der Körper, um seinen Bedarf an Protein zu decken. Die höchste biologische Wertigkeit finden wir im Fleisch, vor allem im Rind- und Schweinefleisch. Deutlich niedriger fällt sie bei pflanzlichen Proteinen, zum Beispiel aus Hülsenfrüchten, aus. Allerdings kann durch eine geschickte Kombination von verschiedenen Eiweißquellen deren biologische Wertigkeit deutlich erhöht werden. Würden wir unseren Proteinbedarf rein über Fleisch und Milchprodukte decken, wäre die Belastung unseres Körpers durch Harnsäuren und tierische Fette zu hoch. In der Praxis empfiehlt sich daher eine ausgewogene Kombination von Fisch, Fleisch, Milchprodukten und Hülsenfrüchten.

Bedenken Sie stets die Wichtigkeit einer ausreichenden und qualitativ hochwertigen Zufuhr von Eiweiß, um einen gesunden, starken Körper mit vitalen Körpersäften und Hormonen aufzubauen. Bei der Auswahl Ihrer Eiweißquellen dürfen und sollen Sie sehr kritisch und anspruchsvoll sein.

Suppen

Kürbiscremesuppe 4 Portionen

Zutaten: 700 g Kürbis (z. B. Hokkaido)
80 g Knollensellerie | 50 g Schalotten
oder Zwiebeln | 60 ml Orangensaft
2 EL Rapsöl | 1/2 TL Ingwer (gehackt)
500 ml Gemüsebrühe | 50 ml Sahne
2 EL Kürbiskernöl | Himalayasalz
frisch gemahlener Pfeffer

Zubereitung: Den Kürbis schälen, die Kerne mit einem Löffel entfernen und in Würfel schneiden. Schalotten und Sellerie ebenfalls schälen und würfeln. Das Öl in einem Topf erwärmen, Schalotten und Ingwer darin andünsten, Kürbiswürfel, Sellerie und Orangensaft dazugeben und mit Gemüsebrühe und Sahne aufgießen. Die Suppe 15 Minuten kochen lassen, bis die Kürbisstücke weich sind. Mit einem Pürierstab cremig aufmixen und mit Salz und Pfeffer abschmecken. In Teller gießen und mit Kürbiskernöl beträufeln.

Tipp: Reiben Sie vor dem Servieren etwas Muskatnuss in die Suppe. Das – oder eine Prise Zimt – verleiht der Suppe eine wunderbar herbstliche Note.

Maronicremesuppe mit Trüffelschaum 4 Portionen

Zutaten: 500 g Maroni (ungeschält)
80 g Knollensellerie | 20 g Butter
oder Olivenöl | 50 g Schalotten
600 ml Gemüsebrühe oder Wasser
60 g Schalotten (fein gehackt)
1/4 Knoblauchzehe | Himalayasalz
1/2 Zimtstange | 1 Lorbeerblatt
250 ml Sojamilch | Trüffelöl

Zubereitung: Die Maroni einschneiden, auf ein Backblech legen, Wasser dazugießen und im vorheizten Backohr bei 200 Grad ungefähr 20 Minuten braten. Sie sind dann optimal zur Weiterverarbeitung (oder zum Verzehr) geeignet, wenn die Schale aufgesprungen und der Inhalt angebräunt ist. Schälen und klein schneiden. Die Schalotten in Öl mit 1 EL Wasser kurz dünsten, Maroni, Zimtstange und Sellerie beigeben, mit der Gemüsebrühe aufgießen und weichkochen. Die Zimtstange herausnehmen und die Suppe mit dem Stabmixer fein pürieren. Mit Salz abschmecken.

Für den Trüffelschaum die Sojamilch über Dampf zu einem Schaum schlagen und mit Trüffelöl parfümieren. Die Suppe mit dem Trüffelschaum anrichten und sofort servieren.

Tomatensuppe 4 Portionen

Zutaten: 600 g Tomaten (geschält, entkernt und klein geschnitten)
1 EL Tomatenmark | 50 g Jungzwiebeln
1 EL Olivenöl | 200 g Wurzelwerk (Karotten, Knollensellerie, Petersilienwurzel) | ca. 500 ml Gemüsebrühe
1 TL Honig oder 1 Zweig Süßkraut
Himalayasalz | Pfeffer | Thymian
evtl. etwas Knoblauch | Basilikum zum Garnieren

Zubereitung: Wurzelwerk und Zwiebeln schälen und in kleine Würfel schneiden. In Olivenöl ca. 3 Minuten mit etwas Wasser andünsten, Tomatenmark und -fleisch dazugeben, mit klarer Gemüsebrühe aufgießen, die Gewürze beigeben und auf kleiner Flamme 30 Minuten kochen lassen. Den Topfinhalt fein pürieren und eventuell mit Honig oder Süßkraut abrunden. Mit frischem Basilikum servieren.

Würzige Gemüsesuppe mit Seezunge 4 Portionen

Zutaten: 4 Seezungenfilets | 4 Frühlingszwiebeln | 1 TL Ingwer (frisch gehackt) | 150 g Tomaten (geschält, entkernt und gewürfelt) | 80 g Petersilienwurzel | 50 g Staudensellerie
80 g Karotten | 5 Stück Austernpilze
50 g Sojasprossen | die Schale einer unbehandelten Limette | Olivenöl
1 EL Agavensirup | 3 Zweige Thai-Basilikum oder Blattkoriander | 3 Blätter Bärlauch oder 1 Knoblauchzehe
900 ml Gemüsebrühe oder Wasser
3 EL helle Sojasauce | 2 EL Sesamöl zum Beträufeln | Himalayasalz

Zubereitung: Ingwer fein schneiden, Frühlingszwiebeln waschen und putzen. Das Grüne der Zwiebeln in Ringe schneiden und zur Seite stellen, den Rest in Streifen schneiden. Staudensellerie, Petersilienwurzel und Karotten waschen, schälen und in blättrige Rauten schneiden. Austernpilze in Streifen schneiden. Olivenöl in einem Topf oder Wok erwärmen und die Zwiebelstreifen und den Ingwer mit 2 EL Wasser und 1 EL Agavensirup andünsten. Gemüserauten, Tomatenwürfel und Pilze dazugeben und 2–3 Minuten rösten. Mit der Gemüsebrühe aufgießen, die Limettenschale hinzufügen und ca. 20 Minuten leicht köcheln lassen. In der Zwischenzeit die Seezungenfilets säubern, salzen, säuern und in mundgerechte Stücke schneiden. Nach der Hälfte der Garzeit die gewaschenen Sojasprossen in die Suppe mischen. Kurz vor dem Anrichten die Seezungenstücke und grünen Zwiebelringe dazugeben und 2–3 Minuten ziehen lassen. Mit Sojasauce und Himalayasalz abschmecken, in Suppentellern anrichten, gezupftes Thaibasilikum und zerkleinerten Bärlauch darüberstreuen und mit etwas Sesamöl beträufeln.

Wolfsbarsch mit Ziegenfrischkäse auf Blattspinat

Zutaten

4 Portionen

Wolfsbarsch:

600 g	Wolfsbarsch mit Haut (4 Filets à 150 g)
	Himalayasalz
	frischer Pfeffer
	Limonensaft
2 EL	Olivenöl zum Braten
1 EL	Bärlauchpesto (siehe Rezept in der Rubrik „Pesto, Dips und Saucen)
2	Tomaten (gehäutet und entkernt)
	Basilikum nach Geschmack
120 g	Ziegenfrischkäse

Blattspinat:

500 g	frischer Blattspinat
30 g	Schalotten
2 EL	Distelöl
	Himalayasalz
	frischer Pfeffer
	Muskatnuss

Zubereitung

Den Blattspinat waschen und die Stiele entfernen, mit kochendem Salzwasser kurz überbrühen und unter fließendem kalten Wasser abkühlen.

Wolfsbarschfilets mit Hilfe einer Pinzette von den Gräten befreien und in Stücke von jeweils ca. 75 g teilen. Die Fischstücke mit Limonensaft, Himalayasalz und Pfeffer würzen und in Olivenöl auf der Hautseite knusprig braten. Anschließend in eine andere Pfanne oder Auflaufform legen und mit dem Bärlauchpesto bestreichen. Geschälte und entkernte Tomaten in Würfel schneiden, mit dem gezupften Basilikum auf den Filets verteilen, diese mit dünnen Scheiben vom Ziegenfrischkäse bedecken und im Backofen ca. 5 Minuten überbacken.

Währenddessen die Schalotten in feine Würfel schneiden, in einer Pfanne mit Distelöl und 1 EL Wasser andünsten, Blattspinat beigeben und darin erwärmen. Mit Himalayasalz, Pfeffer und etwas geriebener Muskatnuss abschmecken.

Den Blattspinat auf Tellern anrichten und die gratinierten Fischfilets darauf setzen.

Tipp: Als Garnitur und kräftiger Farbtupfer eignen sich geschmorte Kirschtomaten besonders gut. Der Blattspinat schmeckt auch gemischt mit frischem Rucola hervorragend.

Alpenlachs im Wurzelsud mit Meerrettich und Kräutern

Zutaten

4 Portionen

400 g	Lachsforelle (Alternative: Zander, Saibling, Renke)
250 g	Karotten
100 g	Petersilienwurzel
150 g	Sellerie
80 g	Lauch
100 g	Stangensellerie
150 g	Fenchel
125 ml	Weißwein (trocken)
500 ml	Wasser
	Liebstöckel (ein Zweig)
1/2 TL	Senfkörner
1 TL	rosa Pfefferkörner
1	Lorbeerblatt
20 g	frischer Meerrettich (gerieben)
1 EL	Dill (gezupft)
	Himalayasalz
	Zitronensaft
1 EL	kalt gepresstes Olivenöl

Zubereitung

Enthäutete Lachsforelle säubern, entgräten, in ca. 3 cm große Stücke schneiden und mit Salz und Zitrone würzen. Zur Seite stellen.

Das Gemüse putzen, in 1 cm große Würfel oder Scheiben schneiden und gemeinsam mit den Gewürzen (Salz, Senf- und Pfefferkörner, Lorbeerblatt, Liebstöckel) in einen breiten Topf geben. Wasser und Wein zugießen, zum Kochen bringen und das Gemüse köcheln lassen, bis es weich ist.

Kurz vor dem Servieren Lachsforelle und Olivenöl dazugeben und im Gemüsesud ziehen lassen, bis der Fisch glasig erscheint. Das Gemüse und den Sud in tiefen Tellern mit der Lachsforelle anrichten und mit Meerrettich und frischem Dill garnieren.

Buntes Gemüse mit Tofu in Kokosmilch

Zutaten

4 Portionen

200 g Karotten
100 g Petersilienwurzel
100 g Sojasprossen
100 g Frischkraut oder Kohl
50 g Pilze (Steinpilze, Austernpilze, Champignons)
1 rote Paprika
100 g Zucchini
200 g Zuckerschoten oder frische Bohnen
1 EL Ingwer (gehackt)
60 g Schalotten
1–2 Knoblauchzehen oder frischer Bärlauch
Olivenöl
400 ml Kokosmilch
250 g Tofu
2 EL Sojasauce
1 TL gemahlener Koriander
Himalayasalz

Zubereitung

Gemüse waschen und putzen. Karotten, Zucchini und Petersilienwurzel der Länge nach halbieren und blättrig schneiden. Paprika schälen und in Streifen schneiden. Frischkraut oder Kohl in grobe, 1 cm dicke Streifen schneiden. Zuckerschoten schräg halbieren.

Tofu in mundgerechte Stücke schneiden. Olivenöl in einem Wok oder einer Pfanne erwärmen und die Tofustücke darin 1–2 Minuten braten, mit Himalayasalz würzen und mit der Sojasauce ablöschen. Tofu aus der Pfanne heben und darin nun die geschnittenen Schalotten hell in Olivenöl anrösten. Karotten, Zuckerschoten, Petersilienwurzel und Kraut bzw. Kohl dazugeben und 2–3 Minuten mit etwas Wasser dünsten.

Paprika, Zucchini, Pilze und Sojasprossen dazugeben und kurz mitdünsten. Mit Kokosmilch aufgießen und mit Himalayasalz und gemahlenem Koriander würzen. Etwa 5 Minuten köcheln lassen. Zum Schluss den Tofu wieder zum Gericht geben und mit frischen Kräutern servieren.

Tipp: Als Beilage zu diesem Gericht im Stil der Asia-Küche passt hervorragend gedünsteter Duftreis. Stellen Sie auch Sojasauce zum Nachwürzen bei Tisch bereit.

Maishähnchenbrust mit Fenchel

Zutaten

4 Portionen

600 g	Maishähnchenbrust
	Thymian (1 Zweig)
	Himalayasalz
1 Prise	Paprikapulver
1 EL	Olivenöl
600 g	Fenchel
1 EL	Distelöl
	Chilifäden zum Garnieren
	Dill nach Belieben
	verschiedene Gartenkräuter (gehackt) nach Belieben

Zubereitung

Gemüsejus laut Rezept in der Rubrik „Pesto, Dips und Saucen“ vorbereiten.

Die Maishähnchenbrüste von der Haut befreien und mit Himalayasalz, Thymian und Paprikapulver würzen. Öl in einer Pfanne erwärmen, das Fleisch darin bei niedriger Hitze anbraten, aus der Pfanne nehmen und im vorgeheizten Backofen bei 120 Grad ca. 15 Minuten garen.

Währenddessen die Fenchelknollen waschen, in ca. 8 mm dicke Ringe schneiden und im Dampfgarer ca. 8 Minuten dämpfen. Mit Himalayasalz und Distelöl abschmecken und gehacktes Fenchelgrün oder frischen Dill untermischen.

Die Maishähnchenbrüste vor dem Servieren in den frisch gehackten Gartenkräuter wenden, mit dem Fenchelgemüse auf Tellern anrichten und mit Chilifäden garnieren. Mit Gemüsejus servieren.

Glasierter Rehrücken an Petersilienpüree und Steinpilzen

Zutaten

4 Portionen

Reh:

600 g	Rehrücken ohne Rippenknochen
4 EL	Kräuteröl
6	Wacholderbeeren (fein gehackt)
2 EL	Öl

Püree und Glasur:

40 g	Schalotten
150 g	Knollensellerie
180 g	Petersilienwurzel
2 EL	Honig
1 EL	Nussöl
250 ml	Portwein
	Himalayasalz
	Muskat
	Pfeffer
2 EL	Balsamessig
10 g	Butter
2 EL	Blattpetersilie (gehackt)

Pilze:

250 g	frische Steinpilze
4 EL	Olivenöl
	Himalayasalz
	Pfeffer
2 EL	Thymian (gehackt)
1 EL	Majoran (gehackt)
1 Prise	Himalayasalz

Zubereitung

Den Rehrücken am Vortag von den Sehnen befreien und mit Kräuteröl und Wacholderbeeren über Nacht einmarinieren. Das marinierte Fleisch in einer Bratenpfanne in 2 EL Öl auf allen Seiten anbraten, salzen, auf einen Backofenrost legen und ca. 20 Minuten bei 120 Grad Heißluft garen.

Für das Püree Petersilienwurzel und Sellerie schälen, in 1 cm große Würfel schneiden und im Dampfgarer 15 Minuten dämpfen. Anschließend die weichen Wurzelstücke fein pürieren und mit Himalayasalz und Pfeffer abschmecken. Butter und Nussöl in das Püree einrühren.

Zur Zubereitung der Glasur die Schalotten schälen, in feine Würfel schneiden, in einer Pfanne mit etwas Öl andünsten, Honig und Essig dazugeben und mit Portwein ablöschen. Mit Himalayasalz und Pfeffer würzen und zu einer dickflüssigen Sauce einkochen lassen.

Während das Fleisch gart, das Wurzelgemüse gedämpft wird und die Glasur einkocht, die geputzten Steinpilze in ca. 5 mm dicke Scheiben schneiden. Das Öl erwärmen und die Pilze darin braten. Mit Himalayasalz, Pfeffer und gehackten Kräutern abschmecken.

Vor dem Servieren den Rehrücken mit dem Portweinhonig glasieren und mit Selleriepüree und Steinpilzen anrichten.

Grundrezepte

Gemüsebrühe ergibt 1 l

Zutaten: 1,5 l Wasser | 30 g Lauch
150 g Karotten | 100 g Petersilienwurzel
100 g Sellerie | 150 g Fenchel
5 Wacholderbeeren | 1/4 TL Ingwer
verschiedene Kräuter (klein geschnitten)
Himalayasalz | Muskat | 1 Lorbeerblatt

Zubereitung: Das gut gewaschene Gemüse in kleine Stücke schneiden, zusammen mit dem Wasser in einen Topf geben, zum Kochen bringen, einmal aufkochen und ca. 1 Stunde leicht köcheln lassen. Kräuter und Gewürze beigeben und weitere 10 Minuten ziehen lassen. Anschließend durch ein Sieb mit einem Passiertuch gießen und mit Himalayasalz abschmecken.

Dinkel-Topfenteig ergibt 400 g Teig

Zutaten: 125 g Butter oder
pflanzliche Margarine | 1 Ei
125 g passierter Topfen (am
besten vom Schaf) | 125 g frischer,
fein gemahlener Dinkel (oder
Kamut) | 1 Prise Himalayasalz

Zubereitung: Butter in kleine Würfel schneiden und mit den restlichen Zutaten zu einem Teig verkneten. Teig zu einer Rolle formen, 40 Minuten im Kühlschrank ruhen lassen und dann weiterverarbeiten.

Tipp: Der Dinkel-Topfenteig eignet sich als Blätterteigersatz hervorragend für Pikantes und Süßes. Naschkatzen verarbeiten ihn zu süßen Strudeln, gefüllten Taschen oder Nussschnecken, er schmeckt aber auch pikant als Grundlage für einen Gemüsestrudel oder als Gebäck zu Salaten und Suppen. Dem Teig können je nach Verwendung Gewürze wie Kümmel, Zimt, Fenchel, Paprika, Ingwer, Chili oder frische Kräuter beigemengt werden. Er sollte bei ca. 180 Grad Heißluft gebacken werden.

Vollwertbiskuit für 1 Roulade

Zutaten: 6 Dotter | 80 g Honig
6 Eiweiß | 80 g Braunzucker
120 g Dinkelmehl | 1 Prise Salz
frische Vanille | Zitronenschale

Zubereitung: Dotter mit Honig, Salz, Vanille und Zitronenschale schaumig rühren. Eiweiß mit dem Braunzucker schlagen, bis es steif ist, und der Dottermasse abwechselnd mit dem Dinkelmehl unterheben. Auf ein Blech mit Backpapier streichen und 8–10 Minuten bei 180 Grad backen.

Tipp: Um eine köstliche Biskuitroulade zu zaubern, stürzen Sie den Teig auf ein sauberes Geschirrtuch, ziehen Sie das Backpapier ab, rollen Sie den Teig ein und lassen Sie ihn abkühlen. Füllen Sie die Roulade nach Belieben mit Marillen-, Kürbis- oder Ingwerkonfit, Erdbeer-Joghurt-Creme oder ähnlichem – ganz nach Ihrem Geschmack.

Brotbackgewürz für ca. 4 kg Brot

Zutaten: 30 g Fenchelsamen
30 g Kümmel | 30 g Anis
30 g Korianderkörner
Kreuzkümmel nach Geschmack

Zubereitung: Alle Zutaten im Mörser oder in der Küchenmaschine grob vermahlen. Die Gewürze können aber auch direkt mit dem Getreide, das zum Backen verwendet wird, gemahlen werden.

Dinkelnudeln 4 Portionen

Zutaten: 250 g Dinkelvollkornmehl (frisch gemahlen und ausgesiebt)
100 g weißes Dinkelmehl | 2–3 Eier
1 Prise Himalayasalz | 1 EL Olivenöl

Zubereitung: Alle Zutaten in einer Küchenmaschine zu einem harten Teig verkneten, diesen zu einer Kugel rollen und in Frischhaltefolie eingewickelt ca. 30 Minuten ruhen lassen. Anschließend den Teig noch einmal kräftig mit den Händen durchkneten, zu einer Rolle formen und diese in 5 Teile teilen. Die einzelnen Portionen mit dem Nudelholz oder der Nudelmaschine dünn ausrollen und in die gewünschte Form schneiden. Die Nudeln in ausreichend Salzwasser 2–3 Minuten al dente garen (sie sollten noch Biss haben) und abseihen. Nun nicht mit kaltem Wasser abschrecken, sondern auf einem Blech verteilen und mit Olivenöl vermischen. Weiterverarbeiten bzw. mit einer Sauce servieren.

Tipp: Legen Sie die rohen Nudeln, nachdem sie ihre Form erhalten haben, niemals übereinander, sonst verkleben sie.

Strudelteig aus Dinkelmehl für 1 Strudel

Zutaten: 2 EL Öl | 250 g fein ausgesiebtes, frisch gemahlenes Dinkelmehl | 1 Prise Himalayasalz
130 ml Leitungswasser oder stilles Mineralwasser

Zubereitung: Mehl, Salz, Öl und lauwarmes Wasser in einer Schüssel oder Rührmaschine mit dem Knethaken ca. 2 Minuten zu einem festen Teig verkneten. Den Teig auf der Arbeitsplatte mit einer Schüssel abgedeckt ca. 30 Minuten rasten lassen. In vier gleiche Teile teilen, mit dem Nudelholz ausrollen und mit den Händen dünn ausziehen. Weiterverarbeiten.

Tipp: Dieser Strudelteig lässt sich wunderbar ausziehen und zum Beispiel süß mit Äpfeln, Zucker und Zimt oder pikant mit Gemüse füllen.

Hausgemachtes Pesto

Pesto ist gesund und vielseitig in der Energy Cuisine verwendbar. Es passt nicht nur hervorragend zu Teigwaren, sondern rundet auch Saucen und Salatdressings ab und verleiht Pizza und Sandwichs eine ganz besondere Note. Wer im Lebensmittelladen nach Pesto sucht, steht allerdings vor einem Dilemma: Die Qualitätsunterschiede sind drastisch. Produkte vom italienischen Delikatessenhändler schmecken meistens noch ganz gut, haben aber auch einen stolzen Preis. Beim Discounter ist die Qualität fast immer schlecht: bräunliche Farbe, muffiger Geschmack, Sonnenblumen- an Stelle von Olivenöl und ein nicht allzu hoher Basilikumanteil. Das wird mit reichlich Geschmacksverstärkern ausgeglichen. Am besten ist es also, Sie machen Ihr Pesto einfach selbst.

Zutaten

1 Glas

60 g	Pinienkerne
100 g	frische Kräuter
40 g	frischer Parmesan
1/2 TL	Himalayasalz
1–2	Knoblauchzehen
150 ml	kaltgepresstes Olivenöl

Zubereitung

Die Blätter der Kräuter abzupfen und waschen. Pinienkerne vorsichtig ohne Fett in einer Pfanne oder im Ofen rösten. Alle festen Zutaten gründlich zerkleinern und unter langsamer Zugabe des Öls im Mörser zu einer homogenen Masse verarbeiten. Alternativ die Zutaten in der Küchenmaschine oder mit dem Mixer vermischen. Kräftig mit Salz abschmecken. Weiterverarbeiten oder licht- und aromageschützt aufbewahren.

Tipp: Basilikum, Olivenöl, Pinienkerne, Salz, Knoblauch und Parmesan – so weit, so klassisch. Wie wäre es mit etwas Abwechslung? Pesto erlaubt es Ihnen, mit Zutaten und Aromen zu spielen. Tauschen Sie doch einfach einmal das Basilikum gegen Rucola, Petersilie, Bärlauch oder Oregano aus. Für einen etwas ausgefalleneren Geschmack bieten sich durchaus auch Rosmarin, Salbei, Lavendel, Thymian oder Minze an. Diese Kräuter sollten wegen ihres intensiven Aromas allerdings sparsamer verwendet und mit Petersilie kombiniert werden. Anstelle von Pinienkernen schmecken auch Mandeln, Parmesan kann durch Pecorino ersetzt werden. Wenn Sie ein veganes Pesto herstellen wollen, lassen Sie einfach den Käse weg und ersetzen ihn durch ein paar zusätzliche Kerne. Mit etwas Olivenöl bedeckt, hält sich das selbstgemachte Pesto im verschlossenen Glas im Kühlschrank ohne weiteres vier bis sechs Wochen.

Pesto, Dips und Saucen

Apfel-Ingwer-Chutney

10 Portionen

Zutaten: 600 g Boskop-Äpfel | Saft von 2 Zitronen
1 EL frischer Ingwer | 1 kleine rote Chilischote
Himalayasalz 1/2 TL Kurkuma | 3 EL Agavensirup
4 EL Apfelessig | 1 Prise Zimt | 60 ml Wasser

Zubereitung: Äpfel schälen, Kerngehäuse entfernen, in Spalten schneiden und in einem Topf mit dem Zitronensaft mischen. Ingwer schälen und grob raspeln.

Die Chilischote waschen, Kerne nach Belieben entfernen und in feine Ringe schneiden. Zusammen mit den restlichen Zutaten unter die Äpfel mischen. Alles aufkochen und bei mittlerer Hitze ca. 15 Minuten köcheln lassen. In Gläser abfüllen und auskühlen lassen.

Tipp: Lauwarm oder kalt verleiht Apfel-Ingwer-Chutney Schaffrischkäse, Hähnchen oder Wildgerichten eine exotische Note.

Tomatenchutney

10 Portionen

Zutaten: 600 g vollreife Tomaten | 3 EL Olivenöl
100 g Schalotten | 1–2 kleine Chilischoten | 1–2 Nelken
1 TL Senfkörner | 1/4 TL Pfefferkörner | Himalayasalz
2 EL Agavensirup | 3 EL weißer Balsamessig

Zubereitung: Tomaten kreuzweise einschneiden, überbrühen, schälen und in grobe Würfel schneiden. Senf- und Pfefferkörner im Mörser zerstoßen, die Schalotten schälen und mit der Chilischote in feine Ringe schneiden.

Schalotten in einem Topf mit 3 EL Wasser und Olivenöl andünsten, die restlichen Zutaten dazugeben und 20 Minuten köcheln lassen. Häufig umrühren und eventuell etwas Wasser zugießen.

Tipp: Tomatenchutney ist warm oder kalt ein feiner Begleiter zu Lamm, Pute, Fisch und Käse.

Leinöldressing

Zutaten: 200 ml Leinöl I 50 ml Distelöl I 125 ml Balsamessig I 1 TL Dijonsenf I 1 EL Agavensirup I Himalayasalz Pfeffer (frisch gemahlen) I 1 TL frische Kräuter

Zubereitung: Alle Zutaten in einen Dressingshaker geben und gut schütteln.

Tipp: Bewahren Sie Dressings immer kühl auf.

Schafjoghurtdressing

Zutaten: 200 ml Schafjoghurt I 50 ml Leinöl 50 ml frischer Zitronensaft I Himalayasalz Pfeffer (frisch gemahlen) I 2 EL frische Kräuter

Zubereitung: Alle Zutaten vermengen und im Kühlschrank aufbewahren.

Tipp: Passt auch ausgezeichnet zu Kartoffelgerichten.

Kürbispüree

4 Portionen

Zutaten: 500 g Hokkaido-Kürbis I 1 Knoblauchzehe 40 g Schalotten I 2 EL Olivenöl I 20 g Butter I 1/8 l Gemüsebrühe I Himalayasalz I Pfeffer I 2 EL gehackte Kräuter (Petersilie, Basilikum) I 1 TL gehackter Ingwer 2 EL Sherry- oder Apfelessig

Zubereitung: Kürbis schälen, die Kerne und das faserige Fleisch entfernen und in Würfel schneiden. Schalotten, Ingwer und Knoblauch schälen und fein hacken.

Olivenöl in einem Topf erwärmen und die Schalotten, Ingwer und Knoblauch darin mit 2–3 EL Wasser andünsten. Gewürfelten Kürbis dazugeben, mit Salz und Pfeffer würzen und mit der Gemüsebrühe aufgießen und ca. 10 Minuten weichdünsten.

Anschließend fein pürieren, mit Essig und, wenn nötig, Salz abschmecken. Vor dem Servieren mit Butter montieren und die Kräuter unterrühren.

Tipp: Wird das Püree mit etwas Gemüsebrühe verdünnt, erhält man eine köstliche Sauce. Beides passt zum Beispiel zu Fisch, Fleisch oder Getreidelaibchen.

Basen-Kräuter-Gewürzgrundsauce

5 Portionen

Zutaten: 50 g Sellerie I 50 g Fenchel I 50 g Kartoffeln 40 g Lauch I 20 g Olivenöl I ca. 500 ml Wasser oder Gemüsebrühe I Himalayasalz I 1 Lorbeerblatt I Muskat gemahlen I 40 g Sauer- oder Süßrahm oder kaltgepresstes Lein-, Nuss- oder Mandelöl I frische Kräuter nach Geschmack oder Gewürze wie Curry, Safran, Kurkuma, Kümmel, Paprika, Ingwer

Zubereitung: Lauch, Sellerie, Fenchel, Kartoffeln waschen und putzen, klein schneiden und in Olivenöl mit 2 EL Wasser 2–3 Minuten dünsten. Mit Wasser oder Gemüsebrühe aufgießen. Das Lorbeerblatt dazugeben und köcheln lassen, bis das Gemüse weich ist. Lorbeerblatt herausnehmen und den Topfinhalt mit Gewürzen und Rahm oder Öl zu einer cremigen Sauce pürieren. Vor dem Servieren frische Kräuter wie Liebstöckel, Dill oder Petersilie dazugeben und nochmals kurz mixen.

Tipp: Gemüse eher weich kochen, damit die Sauce schön glatt wird. Lassen Sie den Lauch einfach weg, wenn Sie zu Blähungen neigen.

Schaffrischkäsedip

4 Portionen

Zutaten: 150 g Schaffrischkäse I 150 ml Schafjoghurt 2 EL Leinöl I 1/2 TL Paprikapulver I Himalayasalz 2 EL frisch gehackte Kräuter I 20 g zerkleinerte Oliven

Zubereitung: Schafkäse mit einer Gabel fein zerdrücken, mit Schafjoghurt verrühren, die restlichen Zutaten untermengen und mit Salz und frisch gehackten Kräutern abschmecken.

Schafjoghurt-Leinöl-Dip

4 Portionen

Zutaten: 120 ml Schafjoghurt I 3 EL Leinöl 2 EL frischer Dill I Himalayasalz

Zubereitung: Joghurt, Öl und Dill verrühren und mit Himalayasalz abschmecken.

Tipp: Passt hervorragend zu Kartoffelgerichten.

Pesto, Dips und Saucen

Fruchtaufstrich

Zutaten: 1 kg Früchte wie Marillen, Äpfel, Himbeeren, Erdbeeren, Pfirsiche etc. | ca. 200 ml Agavensirup
1–2 TL Agar-Agar | Saft von 2 unbehandelten Zitronen
Ingwer, Zimt, Lavendel, Minze, Nelke, Kardamom oder andere Gewürze nach Geschmack

Zubereitung: Früchte waschen, eventuell schälen und von Kernen befreien und in Spalten oder Scheiben schneiden. In einem Topf mit Zitronensaft mischen und mit dem Agavensirup ca. 20 Minuten bei mittlerer Stufe köcheln lassen.

Öfter umrühren. Aromagewürze und Agar-Agar hinzufügen und nochmals aufkochen lassen. Gelierprobe durchführen und den heißen Fruchtaufstrich in Gläser füllen. Diese gut verschließen und für etwa 5 Minuten umdrehen. So ist der Fruchtaufstrich unter Vakuum verschlossen und kann keinen Schimmel ansetzen. Abkühlen lassen und lagern.

Tipp: So führen Sie eine Gelierprobe durch: Einen Teelöffel der Masse auf einen kalten Teller geben und sehen, ob sie geliert. Wenn nicht, noch etwas länger köcheln lassen.

Dunkler Gemüsejus

4 Portionen

Zutaten: 60 g Schalotten | 1/2 Knoblauchzehe
80 g Karotten | 50 g Fenchel | 80 g Sellerie
80 g Champignons | 3 EL Olivenöl | 1 EL Agavensirup
500 ml Gemüsebrühe | 1 EL Tomatenmark | 1 Lorbeerblatt | Himalayasalz | 1/8 l Rotwein | 1 Zweig Liebstöckel
Sesam-, Distel-, Lein-, oder Nussöl bzw. Butter

Zubereitung: Gemüse waschen, putzen und in kleine Würfel schneiden. Schalotten und Knoblauch schälen und fein hacken. In einem Topf Schalotten, Knoblauch und Champignons mit Olivenöl bei nicht zu starker Hitze hellbraun rösten. Gewürfeltes Gemüse, Agavensirup und Tomatenmark dazugeben und noch einige Minuten miträsten. Mit Rotwein ablöschen und bis auf ein Viertel einreduzieren lassen. Lorbeerblatt dazugeben, mit Gemüsebrühe aufgießen und ca. 45 Minuten köcheln lassen. Die Flüssigkeit öfters kontrollieren und eventuell etwas Wasser nachgießen. Nach den 45 Minuten das Lorbeerblatt entfernen und den Topfinhalt mit frischem Liebstöckel fein pürieren. Durch ein feines Sieb passieren und vor dem Servieren mit dem kaltgepressten Öl oder der Butter montieren.

Tipp: Jus wird als dunkle Sauce gerne zu Fleisch gereicht.

Fischsauce

4 Portionen

Zutaten: 70 g Fenchel | 40 g Schalotten oder Jungzwiebeln | 50 g Champignons | 2 EL Olivenöl
40 g Kartoffeln | 1/8 l Weißwein oder Noilly Brat
300 ml Gemüsebrühe | 1/4 TL Korianderkörner
Himalayasalz | 50 ml Sahne oder QimiQ | Safran, Curry, Kurkuma | frische Kräuter wie Estragon, Kerbel oder Basilikum nach Belieben

Zubereitung: Fenchel waschen, Kartoffeln und Schalotten schälen und alles in kleine Würfel schneiden. Champignons waschen und fein blättern.

In einem Topf Öl erwärmen und darin Schalotten, Fenchel, Champignons und Korianderkörner leicht rösten. Die Kartoffeln dazugeben und mit Weißwein oder Noilly Brat ablöschen.

Flüssigkeit auf die Hälfte einreduzieren lassen, dann mit Gemüsebrühe aufgießen und eventuell Safran oder andere Gewürze beigeben. Den Topfinhalt köcheln lassen und fein pürieren, wenn das Gemüse weich ist.

Mit Sahne oder QimiQ verfeinern. Vor dem Servieren mit dem Stabmixer aufschäumen und nach Belieben frische Kräuter in die Sauce mixen.

Tomatensauce aus dem Ofen

4 Portionen

Zutaten: 700 g reife Tomaten | 1 Zweig Rosmarin
1 Knoblauchzehe | 4 EL Olivenöl | Himalayasalz | 1 Lorbeerblatt | 1 EL Agavensirup | Pfeffer (frisch gemahlen)

Zubereitung: Tomaten vom Strunk befreien und am anderen Ende kreuzweise einschneiden. In heißem Wasser blanchieren, bis sich die Schale löst, und in Eiswasser abschrecken. Die Haut der Tomaten abziehen, entkernen und in Würfel schneiden. Mit dem Rosmarin in eine hitzebeständige Auflaufform legen. Den Knoblauch schälen, vierteln und auf den Tomaten verteilen.
Das Ganze mit Olivenöl begießen und für ca. 25 Minuten bei 160 Grad im Backofen schmoren lassen. Nach dem Backen mit einer Gabel zerdrücken und mit Himalayasalz und Pfeffer abschmecken.

Tipp: Diese Sauce passt zu Pasta, Kartoffeln, Fisch und Fleisch und kann mit Kapernbeeren noch zusätzlich verfeinert werden.

Gurkendip

4 Portionen

Zutaten: 1 Salatgurke | 2 EL Dill | 1 EL Petersilie
2 Frühlingszwiebeln | 250 g Topfen (Quark)
100 ml Schafjoghurt | 1 Knoblauchzehe | 2 EL Zitronensaft | Himalayasalz | frisch gemahlener Pfeffer

Zubereitung: Gurke schälen, waschen, der Länge nach halbieren und die Kerne mit einem Löffel entfernen. Zwei Drittel fein raspeln und mit Topfen und Joghurt verrühren, das restliche Gurkendrittel in kleine Würfel schneiden und zur Seite stellen. Dill und Petersilie waschen, klein hacken und zur Gurken-Topfen-Mischung geben. Die Jungzwiebeln putzen, waschen, in dünne Ringe schneiden und ebenfalls in die Masse einrühren.

Mit Salz, Pfeffer und Zitronensaft würzen. Vor dem Servieren die Gurkenwürfel auf den Dip streuen.

Tipp: Servieren Sie diesen erfrischenden Gemüse-Dip zu Vorspeisen, Fleisch- oder Fischgerichten.

Glossar

Adrenalin

Körpereigenes Hormon, das in Stresssituationen ins Blut ausgeschüttet wird. Bewirkt eine Steigerung der Herzfrequenz, einen Anstieg des Blutdrucks und einen erhöhten Fettabbau durch die Mobilisierung von Energiereserven. Außerdem reguliert es die Durchblutung und die Magen-Darm-Tätigkeit.

Agar-Agar

Geschmacksneutrales Geliermittel und veganer Ersatz für Gelatine. Agar-Agar wird aus Meeralgen gewonnen und besitzt eine viel stärkere Gelierkraft als Gelatine. Bei der Anwendung sollten daher unbedingt die Anweisungen auf der Packung beachtet werden. Erhältlich im Reformhaus.

Agavendicksaft

Natürliches Süßungsmittel mit hoher Süßkraft aus der Agave. Der Sirup ist auch für Diabetiker geeignet und in kalten und warmen Speisen gut löslich. Erhältlich in Reformhäusern.

Ahornsirup

Der eingedickte Saft des Zuckerahorns. Wird vor allem in Nordamerika zum Süßen von Desserts verwendet. Hauptproduktionsland ist Kanada, in Europa ist Ahornsirup in gut sortierten Supermärkten, Naturkostläden und Reformhäusern erhältlich.

Alfalfa-Sprossen

Sprossengemüse, das aus dem Samen der Luzerne (Nutzpflanze aus der Familie der Hülsenfrüchtler) entsteht und reich an Vitamin C ist. Die Sprossen werden in der Küche vor allem für Salate verwendet, können entweder fertig gekauft oder selbst gezogen werden.

Algen

Traditionell in der ostasiatischen Küche zu finden, erfreuen sich Algen als Nahrungsmittel auch in Europa steigender Beliebtheit. Sie können gekocht, gebraten, gedämpft oder in Essig eingelegt werden, dienen als Gewürz oder Tee und schmecken in Salaten und Suppen. Getrocknete Algen sind in gut sortierten Supermärkten und Asia-Läden erhältlich, frische Algen bekommt man am ehesten beim Fischhändler oder im Großmarkt.

Amarant

Eine der ältesten Nutzpflanzen der Menschheit, deren Samen als Getreideersatz verwendet werden. Glutenfrei und eisenreich, die Blätter können als Gemüse gegessen werden.

Antioxidantien

Natürliche Inhaltsstoffe in Obst, Gemüse, Tee und anderen Nahrungsmitteln, die die Körperzellen vor schädlichen Einflüssen schützen, indem sie freie Radikale zerstören. Vitamine, Mineralstoffe und sekundäre Pflanzenstoffe gehören zur Gruppe der Radikalfänger.

Arganöl

Öl der Früchte des Arganbaums, der nur noch in einer bestimmten Region in Marokko wächst. Dementsprechend kostbar und teuer ist das Öl, das zu über 80% aus ungesättigten Fettsäuren besteht und über einen hohen Anteil an natürlichen Antioxidantien verfügt.

Arteriosklerose

Erkrankung der Schlagadern, auch Arterienverkalkung genannt. Durch Ablagerungen an ihren Innenwänden verhärten und verengen sich die Arterien, was zu Folgeschäden wie Herzinfarkt oder Schlaganfall führen kann. Risikofaktoren: ein hoher Cholesterinspiegel, Diabetes, Übergewicht. Durch eine ausgewogene Ernährung und regelmäßige Bewegung kann vorgebeugt werden.

Ballaststoffe

Unverdauliche Nahrungsbestandteile, die hauptsächlich in pflanzlichen Lebensmitteln vorkommen. Sie quellen im Magen auf und lösen ein verstärktes bzw. schnelleres Sättigungsgefühl aus. Im Darm sorgen sie dafür, dass Kohlenhydrate langsamer aufgenommen werden, wodurch auch der Anstieg des Blutzuckerspiegels verlangsamt wird. Man bleibt nach einer ballaststoffreichen Mahlzeit daher länger satt.

Biorhythmus

Wechselspiel aus aktiven – leistungsfähigen und passiven – regenerativen Phasen des Körpers.

Buchweizenmehl

Glutenfreies Mehl aus gemahlenem Buchweizen. Wird als Getreide-Ersatz für Backwaren verwendet und ist in Reformhäusern und Naturkostläden erhältlich.

Cholesterin

Wasserunlösliches Molekül und Bestandteil der Zellwände, aus dem Gallensäuren, Vitamin D und Steroidhormone hergestellt werden. Wird einerseits mit der Nahrung aufgenommen, andererseits selbst vom Körper produziert. Cholesterin ist lebensnotwendig, ein Zuviel der Art LDL (im Gegensatz zum guten HDL-Cholesterin) im Blut erhöht allerdings das Risiko, Herz-Kreislauf-Erkrankungen zu entwickeln.

Cortisol

Körpereigenes Hormon aus der Nebennierenrinde. Wird bei psychischem oder physischem Stress ausgeschüttet und wirkt auf den Stoffwechsel, das Immunsystem, die psychische Befindlichkeit und das Wachstum. Während ein Mangel zu Antriebsschwäche und Entzündungen und Störungen der Immunfunktion führt, kann ein Überschuss Übergewicht, Diabetes, Osteoporose oder Depression auslösen.

Distelöl

Pflanzliches Speiseöl, das besonders reich an ungesättigten Fettsäuren ist. Ähnelt geschmacklich dem Sonnenblumenöl und wird vorwiegend für kalte Speisen wie Salate verwendet.

Englischer Curry

Als englischer Curry wird eine Mischung indischer Gewürze bezeichnet, wie sie in Europa in jedem Supermarkt erhältlich ist. Er enthält Kurkuma, Koriander, schwarzen Pfeffer, Kardamom, Senfsamen, Chilis und Bockshornklee.

Erdmandelmehl

Glutenfreies und ballaststoffreiches Mehl aus Erdmandeln, die unter der Erde wachsenden Wurzelknollen des Erdmandelgrases. Erdmandeln schmecken als nussig-süßliche Beigabe zu Kuchen, Gebäcken oder Aufstrichen und können auch dem Müsli oder Joghurt zugemischt werden.

Forellenkaviar

Im Supermarkt erhältlicher, oranger Rogen (Fischeier) der Forelle.

Fructose

Zucker, der in der Natur vor allem in Früchten und im Honig vorkommt und im Darm von Menschen unterschiedlich gut resorbiert wird.

Galaktose

Einfachzucker, der ein Bestandteil des Milchzuckers ist und auch Schleimzucker genannt wird, weil er natürlich in verschiedenen Schleimhäuten vorkommt.

Glukose

Gehört zu den Kohlenhydraten und ist als Blutzucker der wichtigste Energielieferant für den Körper. Störungen im Blutzuckerhaushalt werden zum Beispiel durch Diabetes mellitus verursacht.

Gofio

Von den Kanarischen Inseln stammendes Getreidegericht. Ein aus verschiedenen Arten von Getreide hergestelltes Mehl wird mit Wasser oder Öl und anderen Zutaten zu einem Brei vermengt.

Gomasio

Asiatische Gewürzmischung aus gerösteten Sesamkörnern und Meersalz, die einfach selbst hergestellt werden kann. Der Sesam wird dazu leicht geröstet, anschließend gemörsert oder gewalzt und mit dem Meersalz im Verhältnis 7:1 (7 Teile Sesam, ein Teil Salz) vermischt. Gomasio würzt Salate, Suppen, Brotaufstriche und verschiedene warme Gerichte.

Glossar

Himalayasalz

Unbehandeltes, rosa getöntes Steinsalz aus den Salzminen von Lahore / Pakistan. Erhältlich in Reformhäusern und Naturkostläden. Himalayasalz, dem eine enorme Gesundheitswirkung nachgesagt wird, enthält zusätzlich zu Natriumchlorid noch viele andere Salze und Mineralien und kommt in Europa ungereinigt in den Handel. So bleiben alle wertvollen Inhaltsstoffe erhalten.

Hokkaido-Kürbis

Vielseitig verwendbarer orangeroter Speisekürbis, dessen Schale mitgekocht und gegessen werden kann. In der Kürbissaison im Herbst überall erhältlich.

Insulin

Lebenswichtiges Hormon, das den Stoffwechsel reguliert, den Blutzuckerspiegel senkt und deshalb bei Diabetes eine entscheidende Rolle spielt.

Kamut

Aus Ägypten stammende altertümliche Hartweizensorte. Reich an Eiweiß, Selen, Zink und Magnesium.

Kichererbsenmehl

Gemahlene, geröstete Kichererbsen zum Binden von Suppen und Eintöpfen oder als Basis für Aufstriche. Kichererbsenmehl ist im Naturkostladen bzw. Reformhaus erhältlich.

Kleie

Die bei der Getreideverarbeitung zu Mehl entstehenden Rückstände aus Schalen und anderen Getreideschichten. Ist zum Beispiel in Müsli oder Knäckebrot enthalten und ein Ballaststofflieferant, der dafür sorgt, dass der Blutzuckeranstieg nach der Aufnahme von Stärke verzögert wird. Bei einer kleiereichen Ernährung muss auf eine ausreichende Flüssigkeitszufuhr geachtet werden, da sonst schlimme Verstopfungen auftreten können.

Laktase

Enzym, das den Milchzucker in seine Bestandteile Galaktose und Glukose teilt, damit er durch die Dünndarmschleimhaut aufgenommen werden kann. Ein Mangel führt zu Laktoseintoleranz.

Laktose

Ein in Milch und Milchprodukten enthaltener Zweifachzucker. Um verwertet werden zu können, muss Laktose vom Körper in ihre beiden Einfachzucker (Galaktose und Glukose) gespalten werden.

Lavendelöl

Das ätherische Öl aus den Blüten des Lavendels, das sich in seiner reinen Form allerdings nicht zum Verzehr eignet. Zum Verfeinern von Desserts wird mit Lavendel aromatisiertes Öl verwendet, d. h. einige Lavendelblüten werden in eine mit Speiseöl (zum Beispiel Sonnenblumenöl) gefüllte Flasche gegeben und verleihen dem Öl nach wenigen Wochen einen charakteristischen Lavendelgeschmack.

Leinöl

Kaltgepresstes Pflanzenöl mit einem hohen Gehalt an Omega 3-Fettsäuren, das aus den reifen Samen von Flachs (Leinsamen) gewonnen wird. Leinöl sollte dunkel und kühl gelagert und rasch verbraucht werden und eignet sich nicht zum Erhitzen.

Mandelöl

Aus Mandeln werden 2 verschiedenen Öle gewonnen: Bittermandel- und Süßmandelöl. Bittermandelöl darf wegen seines Blausäuregehalts nur äußerlich angewandt werden, in der Küche wird daher ausschließlich Süßmandelöl verwendet. Dieses ist zwar hitzefest, wird aber auf Grund seiner Qualität und seines hohen Preises eher zum Verfeinern eingesetzt.

Meersalz

Enthält außer Natriumchlorid in geringen Mengen über 40 weitere Stoffe wie Kalium, Magnesium und Mangan – eine Zusammensetzung, die dem Salz im menschlichen Körper näher kommt als reines Kochsalz. Aus diesem Grund wird ungereinigtes Meersalz von vielen Ernährungsratgebern für die Küche empfohlen. Die gereinigte Variante entspricht dem Kochsalz.

Metabolismus

Fremdwort für den Begriff Stoffwechsel, der für die Aufnahme, den Transport und die chemische Umwandlung von Stoffen im menschlichen Organismus steht.

Omega-3-Fettsäuren

Spezielle Art von ungesättigten Fettsäuren, die lebensnotwendig sind, aber vom Körper nicht selbst hergestellt werden können. Sie müssen mit der Nahrung zugeführt werden und sind in besonders hoher Konzentration zum Beispiel in Lein-, Raps- und Sojaöl, Algen, Hering, Makrele, Lachs oder Sardellen enthalten.

Quinoa

Glutenfreies, eiweiß- und mineralstoffreiches „Pseudogetreide“, das ursprünglich aus Südamerika stammt. Vollwertiger Getreideersatz für unter Zöliakie leidende Menschen.

Rote Berglinsen

Kleine, rötlich-braune Linsen mit würzig-nussigem Aroma und fester Konsistenz.

Saccharide

Fremdwort für Kohlenhydrate.

Sekundäre Pflanzenstoffe

Die eigentlich zum Schutz der Pflanze dienenden Substanzen in Obst und Gemüse üben auch auf den menschlichen Organismus eine gesundheitsfördernde Wirkung aus. Sie stärken das Immunsystem, schützen den Körper vor freien Radikalen und können Krankheitserreger abtöten. Bekannte Vertreter sind zum Beispiel Carotinoide, Flavonoide oder Sulfide.

Senfsprossen

Die scharfen Senfsprossen können roh in Salaten, Aufstrichen oder als Brotbelag verzehrt werden, sie eignen sich aber auch zum Würzen von Suppen und Eintöpfen und verlieren beim Erwärmen etwas von ihrer Schärfe.

Sojasahne

Pflanzliche Alternative zu Sahne und Crème fraîche. Laktosefreie und fettarme Soyacreme ist in gut sortierten Supermärkten sowie Reformhäusern erhältlich.

Topinambur

Die kartoffelähnliche, kalorienarme Topinamburknolle kann roh und gekocht gegessen werden. Sie enthält viele Vitamine, Mineralstoffe, Spurenelemente und essenzielle Aminosäuren und ist im gut sortierten Supermarkt, auf Wochenmärkten und im Naturkost- oder Asia-Laden erhältlich.

Triglyzeride

Blutfette, die mit der Nahrung aufgenommen und selbst vom Körper produziert werden. In Kombination mit einer hohen Konzentration von LDL-Cholesterin im Blut verstärkt ein hoher Triglyzerid-Spiegel das Risiko, an Arteriosklerose zu erkranken.

Wasabi

Japanischer Meerrettich, dessen Wurzel in der japanischen Küche als scharfes Gewürz dient. Wasabi ist als Pulver in Dosen oder als Paste in kleinen Tuben im Supermarkt oder Asia-Laden erhältlich. Frisch importierte Wurzeln finden sich nur in Spezialgeschäften.

Weinsteinbackpulver

Phosphatfreies Backpulver, bei dem das chemische Säuerungsmittel durch Weinstein, gewonnen aus Ablagerungen in Weinfässern, ersetzt wird. Geschmacklich neutraler als herkömmliche Backtriebmittel.

Rezeptverzeichnis

Müsli

Breie

Brot

Aufstriche

Suppen

Vorspeisen

Fischgerichte

Vegetarische Gerichte

Fleischgerichte

Desserts

Kuchen

Grundrezepte

Pesto / Dips / Saucen

Die Autoren

Prof. Andreas Wieser

Gründer und Geschäftsführer des Gesundheitszentrums Lanserhof

Seit drei Jahrzehnten ist Andreas Wieser geschäftsführender Gesellschafter des Gesundheitszentrums Lanserhof, einem der führenden Medical Resorts im europäischen Raum. Dieses Unternehmen entwickelte er zu hoher Effizienz mit attraktiven ökologischen Erfolgen. Als Marketing-Stratege entwickelte er herausragende Zukunftskonzepte und wurde mit hochkarätigen Awards ausgezeichnet. Zusammen mit seinem Team ist er auch Schöpfer eines neuartigen und weltweit einmaligen Gesundheitskonzepts, das die internationale Spitzenmedizin mit traditionellen Heilverfahren kombiniert. Professor Wiesers wesentlicher geistiger Ansatz ist die ganzheitliche Perspektive auf den individuellen Menschen, um nachhaltig gesund zu werden und zu bleiben. In diesem Kontext erkannte er schon früh, dass die richtige Ernährung einen hohen Stellenwert in der Präventivmedizin einnimmt. So entstand die Energy Cuisine.

Dr. Darius Chovghi

Arzt für Allgemeinmedizin, Ernährungsmedizin und Diagnostik und Therapie nach F.X. Mayr am Gesundheitszentrum Lanserhof

Der ausgebildete (Leistungs-)Sporttrainer promovierte im Jahr 2005 an der Medizinischen Universität Innsbruck zum Doktor der gesamten Medizin und absolvierte seine Ausbildung zum Arzt für Allgemeinmedizin im Unfallkrankenhaus Salzburg, im Bezirkskrankenhaus Hallein und an der Universitätsklinik Salzburg. Neben seiner ärztlichen Tätigkeit leitet Darius Chovghi den medizinischen Leistungs- und Bewegungsbereich am Lanserhof und lehrt außerdem am Institut für Sportwissenschaft der Universität Innsbruck. Bereits als Trainer beschäftigte er sich intensiv mit der Rolle der Ernährung bei der sportlichen Leistungsoptimierung und erlangte später das Diplom für Ernährungsmedizin der österreichischen Ärztekammer. Darius Chovghi legt als Arzt besonderen Wert auf eine gesunde Ernährungsweise, die den Vitamin- und Nährstoffbedarf des Körpers optimal deckt.

Manfred Hormann

Küchenchef des Gesundheitszentrums Lanserhof

Der gebürtige Kärntner begann 1969 seine Kochlehre in einem Restaurant in Klagenfurt. Nach erfolgreichem Lehrabschluss war er 11 Jahre lang in verschiedenen Hotels und Restaurants in Österreich tätig, unter anderem als Küchenchef im Kurhotel Bad Heilbrunn / Bad Mitterndorf und im Hotel Auersperg in Salzburg. Im Jahr 1983 übernahm er schließlich die kulinarische Verantwortung am Lanserhof und prägt seither den Kochstil des Hauses. In seiner Funktion als Küchenchef war der geprüfte Diätkoch entscheidend an der Entwicklung der Energy Cuisine beteiligt. Manfred Hormann versucht, durch den Besuch unterschiedlichster Fortbildungen immer am aktuellen Stand des Wissens über gesunde Ernährung zu bleiben. Sein persönliches Anliegen ist es, möglichst viele Menschen vom Sinn einer vitalitäts- und energiespendenden Kost zu überzeugen und somit seinen eigenen Beitrag zur allgemeinen Gesundheit zu leisten.

Claus Jenewein

Souschef am Gesundheitszentrum Lanserhof

Der waschechte Tiroler absolvierte bereits seine Kochlehre ganz in der Nähe des Lanserhofs, im Restaurant Wilder Mann in Lans. Darauf folgten interessante Jahre des Lernens und der Spezialisierung in renommierten Gourmet- und Haubenrestaurants, wie zum Beispiel bei Karl und Rudolf Obauer in Werfen oder im Restaurant Häupl in Seewalchen. Doch Claus Jenewein sah seine persönliche Herausforderung als Koch nicht in einer Selbstverwirklichung im Feinschmecker-Tempel, sondern vielmehr in der Zubereitung von gesundem Essen auf hohem Niveau, das Bekömmlichkeit mit Genuss verbindet. Aus diesem Grund kehrte er in seine Heimat zurück, um das Küchenteam des Lanserhofs zu unterstützen. Im Laufe seiner nunmehr 10-jährigen Tätigkeit erlangte er das Diplom zum Diätkoch und ist täglich bemüht, das Konzept der Energy Cuisine weiter zu optimieren und an die aktuellen Anforderungen der Gäste am Lanserhof anzupassen.

by Lanserhof Gesundheitszentrum und
lœwenzahn in der Studienverlag Ges.m.b.H.,
Erlerstraße 10, A-6020 Innsbruck
E-Mail: loewenzahn@studienverlag.at
Internet: www.loewenzahn.at

Für den Inhalt verantwortlich:

Lanserhof Gesundheitszentrum, Kochholzweg 153
A-6072 Lans, Austria, www.lanserhof.at

Küchenchef Manfred Hormann und
Souschef Claus Jenewein
Rezeptgestaltung, Ernährungsberatung, Redaktion

Dr. Darius Chovghi
Medizinische Beratung, Redaktion

Projektmanagement, Design, Textgestaltung:

Forward – Konzept. Design. Kommunikation.
Robert Fattor, Doris Graf, www.forward.cc

Fotografie und Foodstyling:

Michael Pannewitz, www.michaelpannewitz.de

Weitere Bilder:

Hiepler & Brunier, Holger Knauf

Gedruckt auf umweltfreundlichem,
chlor- und säurefrei gebleichtem Papier.

Bibliografische Information Der Deutschen Bibliothek

Die Deutsche Bibliothek verzeichnet diese
Publikation in der Deutschen Nationalbibliografie;
detaillierte bibliografische Daten sind im Internet
über <http://dnb.ddb.de> abrufbar.

ISBN 978-3-7066-2483-1